内部控制新论

王宝庆◎著

中国财经出版传媒集团
中国财政经济出版社

图书在版编目（CIP）数据

内部控制新论／王宝庆著．--北京：中国财政经济出版社，2020.9

ISBN 978-7-5095-9962-4

Ⅰ.①内…　Ⅱ.①王…　Ⅲ.①企业内部管理　Ⅳ.①F272.3

中国版本图书馆CIP数据核字（2020）第148835号

责任编辑：孙　琛　　　　责任校对：张　凡

封面设计：北京兰卡绘世

内部控制新论

NEIBU KONGZHI XINLUN

中国财政经济出版社 出版

URL：http：//www.cfeph.cn

E-mail：cfeph@cfemg.cn

社址：北京市海淀区阜成路甲28号　邮政编码：100142

营销中心电话：010-88191537

北京财经印刷厂印装　各地新华书店经销

710×1000毫米　16开　9.25印张　150 000字

2020年9月第1版　2020年9月北京第1次印刷

定价：42.00元

ISBN 978-7-5095-9962-4

（图书出现印装问题，本社负责调换）

本社质量投诉电话：010-88190744

打击盗版举报热线：010-88191661　QQ：2242791300

前言 Preface

内部控制是一个组织由内而外的保养过程，它如同空气一样，无处不在，无时不有。企业、机关、事业单位、家庭与个人的各种经济活动，都离不开内部控制。建设内部控制制度，可以实现组织目标；强化内部控制监督，可以保护财产安全；优化内部控制流程，可以提高工作效率；完善内部控制制度体系，可以防范各种风险。同时，实施与执行内部控制制度，也可能束缚人们的手脚，限制人们的思想，抑制人们的创新。因此，内部控制，既强调规范性与严肃性，也需要灵活性与创新性。内部控制，既是技术，更是艺术。内部控制，需要他律，更需要自律；内部控制，需要约束，更需要激励。面对环境的变化，面对风险的发生，面对目标的挑战，内部控制，需要时时创新。内部控制，人们既“爱”它又“怕”它，真可谓是“道不尽红尘舍恋，诉不完人间恩怨”。内部控制建设，永远没有休止符，永远在路上。内部控制建设的“路”上，有“道”亦无“道”。这“道”在哪里？“路”在何方？我们在探索中创新，在创新中探索……

目录 Content

第一章　内部控制新视角

第一节　内部控制新认知

一、内部控制的核心要素

对于内部控制的理解，可谓是仁者见仁，智者见智。我国《企业内部控制基本规范》指出：本规范所称内部控制，是由企业董事会、监事会、经理层和全体员工实施的、旨在实现控制目标的过程。内部控制的目标是合理保证企业经营管理合法合规、资产安全、财务报告及相关信息真实完整，提高经营效率和效果、促进企业实现发展战略。我国《行政事业单位内部控制规范（试行）》指出：本规范所称内部控制，是指单位为实现控制目标，通过制定制度、实施措施和执行程序，对经济活动的风险进行防范和管控。单位内部控制的目标主要包括：合理保证单位经济活动合法合规、资产安全和使用有效、财务信息真实完整，有效防范舞弊和预防腐败，提高公共服务的效率和效果。由此可见，内部控制建设目标基本上包括：保证单位经济活动合法合规、资产安全和使用有效、财务信息真实完整、防范舞弊和预防腐败、提高单位经济效益与社会效益五个基本方面。

以上关于内部控制的定义，是政府管理部门站在监管角度的认知。也有许多学者和行业协会站在各自的角度，提出了对内部控制的不同认知。此处不一一赘述。我们要探讨的一个根本问题是：内部控制的需求人是谁？不同的需求人对内部控制的认知是存在差异的，甚至是相互矛盾的。政府作为监管部门，希望通过加强企事业单位的内部控制，维护社会稳定和谐；股东作为投资者，希望通过加强单位的内部控制，实现财产安全、持续增值与分红收益；高管层作为管理者，希望通过加强内部控制，实现财产安全与经济效益的提升；员工作为基层劳动者，希望通过加强内部控制，实现公平与公正，达到收入稳中有增的目标；消费者作为利益相关者，希望通过加强内部控制，保证组织提供的产品与服务是安全的、有效的，从而有安全感、获得感与满意感。一个通用的内部控制，如何才能满足不同人群的需求呢？这就涉及内部控制的核心要素问题。我们理解的内部控制包括授权、岗位、流程、监督与信息五大核心要素。

授权是领导者通过为下属和员工提供更多的自主权，以达到组织目标的过程。其本质是上级对下级的决策权力的下放过程，也是职责的再分配过程。授权是领导者智慧和能力的扩展和延伸。授权有全权授权、部分授权、分层授权之分。岗位是组织要求个体完成的一项或多项责任以及为此赋予个体的权力总和。岗位与人对应，是指一个人所从事的具体工作，通常只能由一个人担任。岗位的设置要做到权责明确、相互制衡、相互衔接。流程是指一个或一系列连续有规律的行动，这些行动以确定的方式发生或执行，促使特定结果的实现。对流程进行控制，必须要明确流程的起点与终点，流程的先后顺序，以及流程中的关键控制点。监督是对现场或某一特定环节、过程进行监视、督促和管理，使其结果达到预定的目标。内部控制中的监督，按照监督主体划分，有会计监督、审计监督与纪检监察监督；按照监督的时间划分，有事前监督、事中监督、事后监督；按照监督的方式划分，有激励与约束、评价与考核。做好监督工作，主要是正确处理激励与约束、评价与考核之间的关系。信息是指通信系统传输和处理的对象，泛指组织内部传播的一切内容。包括决策信息、法律信息、监管信息、市场信息、财务信息、人事信息、公众舆情信息等。内部控制中的信息，涉及信息共享、信息保密、信息更新与信息沟通。以上五大核心要素如图1－1至图1－6所示：

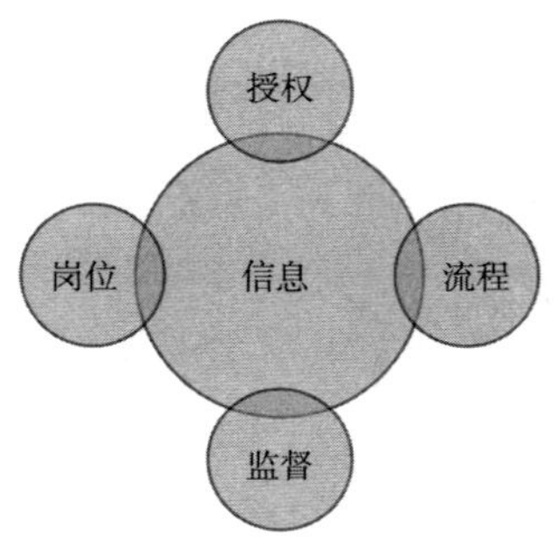

图1－1　内控五大核心要素

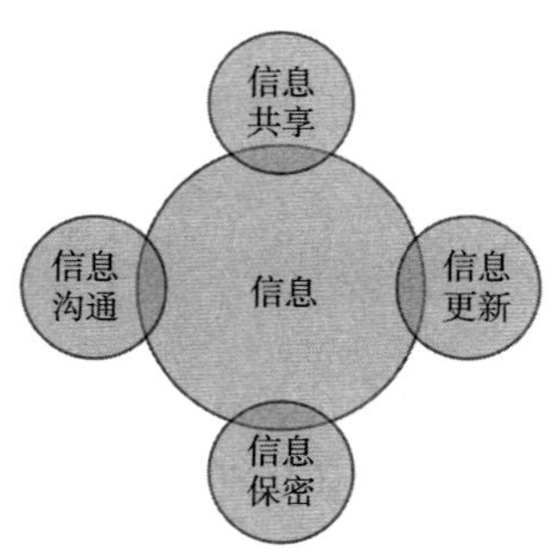

图1－2　内控信息要素内容

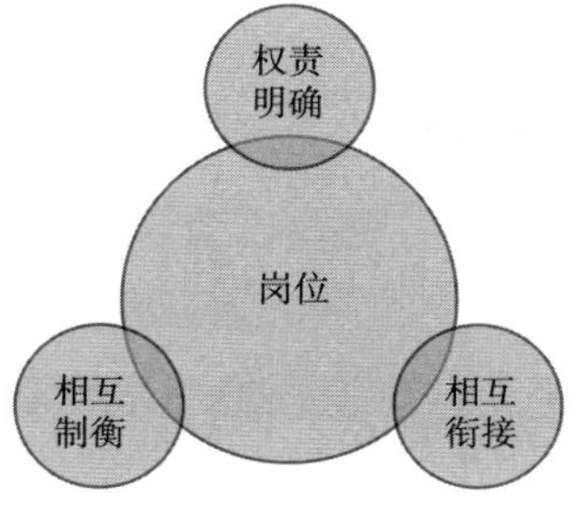

图 1-3　内控岗位要素内容

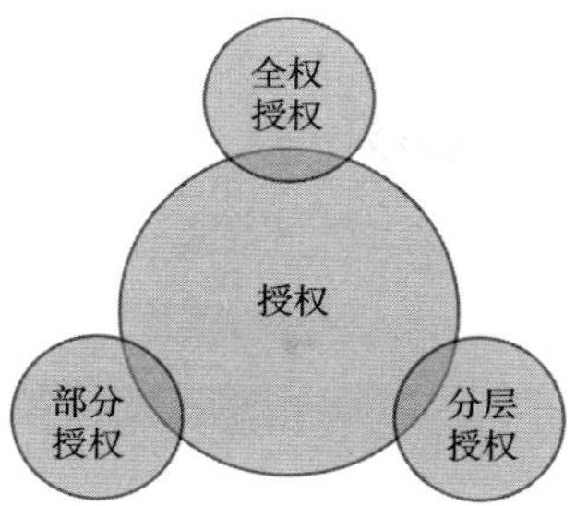

图 1-4　内控授权要素内容

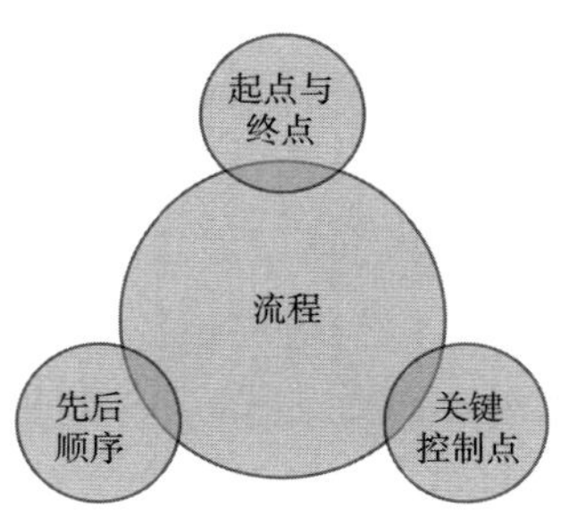

图 1-5　内控流程要素内容

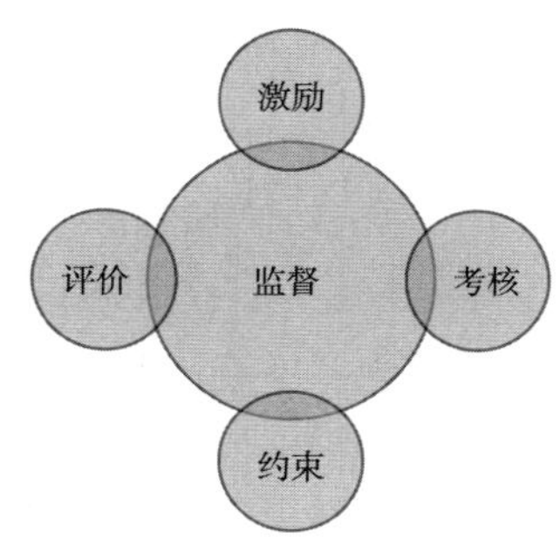

图 1-6　内控监督要素内容

二、内部控制中的关键点

内部控制既是技术，更是艺术。关键控制点找准了，事半功倍；关键控制点找错了，控制目标就无法实现。看看下面两个众所周知的事例带给我们的启发：

18 世纪末，英国人来到澳洲，随即宣布澳洲为英国的领地。这栏辽阔的大陆，怎么开发呢？当时英国没有人愿意到荒凉的澳洲去。于是英国政府想出了一个绝妙的办法：把罪犯统统发配到澳洲去。一些私人船主承包了从英国往澳洲大规模地运送犯人的工作。英国政府实行的办法是按照上船的犯人人数支付船主费用。而当时那些运送犯人的船只大多是由一些破旧的货船改装的，船主为了牟取暴利，尽可能地多装人，船上设备简陋，缺医少药，条件十分恶劣。三年以后，英国政府发现：运往澳洲的犯人在船上的死亡率为 12%，其中最严重的一艘船上 424 个犯人死了 158 个，死亡率高达 37%。英国政府花费了大笔资金，却没有达到大批移民的目的。

英国政府采取的第一个办法是：每一艘船上都派一名政府官员监督，再派一名医生负责犯人的医疗卫生，同时对犯人在船上的生活标准做了硬性规定。但是，死亡率不仅没有降下来，有些船上的监督官员和医生竟然也不明不白地死了。原来一些船主贪图暴利，贿赂官员，如果官员不肯同流合污就被扔到大洋里喂鱼了。看来，监督不是万能的。

英国政府采取的第二个办法是：把船主都召集起来进行教育培训，教育他们要珍惜生命，要理解去澳洲开发是为了英国的长久大计，不能把金钱看得比生命还重要。但是情况依然没有好转，死亡率一直居高不下。看来，教育也不是万能的。

英国政府采取的第三个办法是：采纳一位英国议员的建议。这个议员认为那些私人船主钻了制度的空子。而制度的缺陷在于政府给船主报酬是以上船人数来计算的。他提出从改变制度开始：政府以到达澳洲上岸的人数为准计算报酬，不论在英国上船多少人，到了澳洲上岸的时候再清点人数支付报酬。自此以后，船主主动请医生跟船，在船上准备药品，改善生活，尽可能让每一个上船的人都健康地到达澳洲。有些运载几百人的船只，经过几个月的航行，竟然没有一人死亡，整体死亡率也降到了1%以下。第三个办法，政府没有花费医药费用培训费用，没有聘请监督官和医生，就实现了成功运输犯人的目的。看来，关键控制点非常重要。

另一个事例是大家熟悉的分粥吃饭。有七个人住在一起，每天分一大桶粥，但是粥每天都不够吃。一开始，这七个人用抓阄的方式来决定由谁分粥，每天轮一个。每周下来，他们只有一天是饱的，就是自己分粥的那一天。后来，他们开始推选出一个道德高尚的人来分粥。然而，强权就会产生腐败。其他人开始挖空心思去讨好贿赂这个分粥的人，搞得整个团体乌烟瘴气。再后来，大家开始组成三人的分粥委员会及四人的评选委员会，从此互相攻击扯皮，结果粥吃到嘴里全是凉的了。最后，大家想出来一个方法：轮流分粥，但分粥的人要等其他人都挑完后拿最后一碗。为了不让自己吃到最少的，每人都尽量分得平均，就算不平，也只能认了。从此，大家快快乐乐，和和气气，日子越过越好。

同样是七个人，不同的分配制度，就会有不同的风气。一个单位如果有不好的工作习气，一定是缺少一个公平、公正、公开的内部控制制度，没有科学合理完善的内部控制体系。如何制定科学合理的内控制度，是每个单位领导需要慎重考虑的问题。

三、内部控制的工具

1. 预算

预算是一种定量计划，用来帮助协调和控制一定时期内资源的获得、配置和使用。预算能协调组织的活动，使管理者全盘考虑整个价值链之间的相互联系。预算是一个有效的沟通手段，能触及企业的各个角落，便于合作交流。预算必须与企业的战略或目标保持一致。企业预算管理是在企业战略目标的指引下，通过预算编制、执行、控制、考评与激励等一系列活动，全面提高企业管理水平和经营效率，实现企业价值最大化。

财政部、证监会、审计署、银监会、保监会共同颁布的《企业内部控制应用指引第15号——全面预算》要求：企业应当根据发展战略和年度生产经营计划，综合考虑预算期内经济政策、市场环境等因素，按照上下结合、分级编制、逐级汇总的程序，编制年度全面预算。企业可以选择或综合运用固定预算、弹性预算、滚动预算等方法编制预算。企业应当加强对预算执行的管理，明确预算指标分解方式、预算执行审批权限和要求、预算执行情况报告等，落实预算执行责任制，确保预算刚性，严格预算执行。企业应当建立严格的预算执行考核制度，对各预算执行单位和个人进行考核，切实做到有奖有惩、奖惩分明。

2. 合同

合同，又称为契约、协议，是当事人或当事双方之间设立、变更、终止民事关系的协议。依法成立的合同受法律保护。广义合同指所有法律部门中确定权利、义务关系的协议，狭义合同指一切民事合同，还有最狭义合同仅指民事合同中的债权合同。《中华人民共和国民法通则》第85条："合同是当事人之间设立、变更、终止民事关系的协议。依法成立的合同，受法律保护。"《中华人民共和国合同法》第2条："合同是平等主体的自然人、法人、其他组织之间设立、变更、终止民事权利义务关系的协议。婚姻、收养、监护等有关身份关系的协议，适用其他法律的规定。"

合同作为一种民事法律行为，是当事人协商一致的产物，是两个及以上的意思表示相一致的协议。只有当事人作出的意思表示合法，合同才具有法律约束力。依法成立的合同从成立之日起生效，具有法律约束力。

财政部、证监会、审计署、银监会、保监会共同颁布的《企业内部控制应用指引第16号——合同管理》要求：企业应当加强合同管理，确定合同归口管理部门，明确合同拟定、审批、执行等环节的程序和要求，定期检查和评价合同管理中的薄弱环节，采取相应控制措施，促进合同有效履行，切实维护企业的合法权益。企业应当对合同文本进行严格审核，重点关注合同的主体、内容和形式是否合法，合同内容是否符合企业的经济利益，对方当事人是否具有履约能力，合同权利和义务、违约责任和争议解决条款是否明确等。企业应当建立合同履行情况评估制度，至少于每年年末对合同履行的总体情况和重大合同履行的具体情况进行分析评估，对分析评估中发现合同履行中存在的不足，应当及时加以改进。企业应当健全合同管理考核与责任追究制度。对合同订立、履行过程中出现的违法违规行为，应当追究有关机构或人员的责任。

3. 信息系统

信息系统，是指企业利用计算机和通信技术，对内部控制进行集成、转化和提升所形成的信息化管理平台。

财政部、证监会、审计署、银监会、保监会共同颁布的《企业内部控制应用指引第18号——信息系统》要求：企业应当重视信息系统在内部控制中的作用，根据内部控制要求，结合组织架构、业务范围、地域分布、技术能力等因素，制定信息系统建设整体规划，加大投入力度，有序组织信息系统开发、运行与维护，优化管理流程，防范经营风险，全面提升企业现代化管理水平。企业应当指定专门机构对信息系统建设实施归口管理，明确相关单位的职责权限，建立有效工作机制。企业可委托专业机构从事信息系统的开发、运行和维护工作。企业开发信息系统，应当将生产经营管理业务流程、关键控制点和处理规则嵌入系统程序，实现手工环境下难以实现的控制功能。企业在系统开发过程中，应当按照不同业务的控制要求，通过信息系统中的权限管理功能控制用户的操作权限，避免将不相容职责的处理权限授予同一用户。企业应当针对不同数据的输入方式，考虑对进入系统数据的检查和校验功能。对于必需的后台操作，应当加强管理，建立规范的流程制度，对操作情况进行监控或者审计。企业应当根据业务性质、重要性程度、涉密情况等确定信息系统的安全等级，建立不同等级信息的授权使用制度，采用相应技术手段保证信息系统运行安全有序。企业应当建立信息系统安全保密和泄密责任追究制度。企业应当建立用户管理制度，加强对重要业务系统的访问权限管理，定期审阅系统账号，避免授权不当或存在非授权账号，禁止不相容职务用户账号的交叉操作。

4. 大数据分析模型

大数据分析是指对规模巨大的各类数据进行整理汇总，计算分析，从而寻找规律，为经营和管理提供最直接、最有价值的决策与管理信息。随着大数据时代的来临，数据挖掘、数据仓库、数据安全、数据分析等日益重要。常见数据分析模型较多，诸如属性分析模型、行为事件分析模型、分布分析模型、留存分析模型、漏斗分析模型、用户分群分析模型等。另外，不同的行业与职业也有不同的数据分析模型。数据分析概括起来主要包括明确分析目的与框架、数据收集、数据处理、数据分析、数据展现和撰写报告等阶段。数据分析的作用具体体现在：对业务的控制流程进行优化、发现内部控制中存在的问题、帮助企业发现新的商机创造新的商业价值、预测企业的未来发展。

四、内部控制的“三个精神”

1. 墨家精神

墨子的两大思想遗产：一是兼爱非攻，二是工匠精神。兼爱就是兼相爱，交相利。就是爱人、爱百姓而达到互爱互助，而不是互怨互损。工匠精神就是把事情做好，做到精益求精。事实上，墨子本人就是匠人出身，他精通机械原理，对光学有独到的研究。基层员工更多地关注过去，注重劳动成果，因而墨家精神更应该在基层员工中大力提倡。在内部控制中，单位基层的员工，应该做到：踏实认真，坚持坚守；勤俭节约，降低成本；规矩守法，照章办事；有话就说，实话实说；相互关爱，互帮互助。基层员工应争当“工匠”。

2. 儒家精神

儒家精神提倡修己安人中层干部应该大力提倡儒家精神，面对领导，努力做到献策不决策，到位不越位，超前不抢前，出力不为名。面对其他中层，努力做到理解不误解，补台不拆台，分工不分家，交心不多心。中层干部，既要能管理又要能实干，既要能干，更要合理表现其能力。中层干部要关注现在，积极作为，自强不息，要敢于担当。

3. 道家精神

道家精神提倡：道法自然，无为而治。有治必有乱，治为乱之源，强调人与自然和谐相处。高层领导应该大力提倡道家精神，努力做到：总揽不独揽，宏观不主观，决断不武断，放手不撒手。总揽首先要有知情权，信息充分全面，才能通观全局；宏观就是必须有两只眼睛，一只眼睛盯外部市场，另一只眼睛盯内部团队；决断就是一定要得到大多数核心骨干的认同与拥护；放手就是充分授权，同时有配套的监督机制。高层领导，深藏不露，无为而治，关注未来。

任正非曾说："砍掉高层的手脚、中层的屁股、基层的脑袋。"这句话是什么意思？砍掉高层的手脚，意在强调高层的职责是"想"，多谋篇布局、少亲力亲为；砍掉中层的屁股，意在强调中层的职责是"走"，要走出办公室，深入群众和市场；砍掉基层的脑袋，意在强调基层的职责是"做"，好好执行，不要随性发挥。

五、内部控制的缺陷

内部控制缺陷，是指内部控制在流程、措施、方法等方面存在无法实现组织目标的漏洞。内部控制缺陷按其成因分为设计缺陷和运行缺陷，按其影响程度分为重大缺陷、重要缺陷和一般缺陷。

设计缺陷是指在内部控制设计环节就存在漏洞，存在缺少为实现控制目标的必需控制，或设计的控制措施并不合理及未能满足控制目标。例如，不相容职务没有分离、缺少监督检查等。运行缺陷是指设计合理有效的内部控制，但在运作上没有被正确地执行，包括：德不配位的人员放在不适当的权力位置；或者适当人员未按设计的规范流程执行，超越授权的审批与执行；或者信息传递不到位；或者监督检查不到位等。

重大缺陷也称实质性漏洞，是指一个或多个控制缺陷的组合，可能严重影响内部整体控制的有效性，进而导致组织单位无法及时防范或发现严重偏离整体控制目标的情形。重要缺陷是指一个或多个一般缺陷的组合，其严重程度低于重大缺陷，但导致组织单位无法及时防范或发现严重偏离整体控制目标，需引起管理层关注。例如，有关缺陷造成的负面影响在部分区域流传，为组织单位声誉带来损害。一般缺陷是指除重要缺陷、重大缺陷外的其他缺陷。

内部控制缺陷常见状况，如图 1－7 所示：

2019 年 3 月 10 日，埃塞俄比亚航空一架波音 737－8 飞机起飞不久后坠毁，此次空难是继 2018 年 10 月 29 日印尼狮航空难事故之后，波音 737－8 飞机发

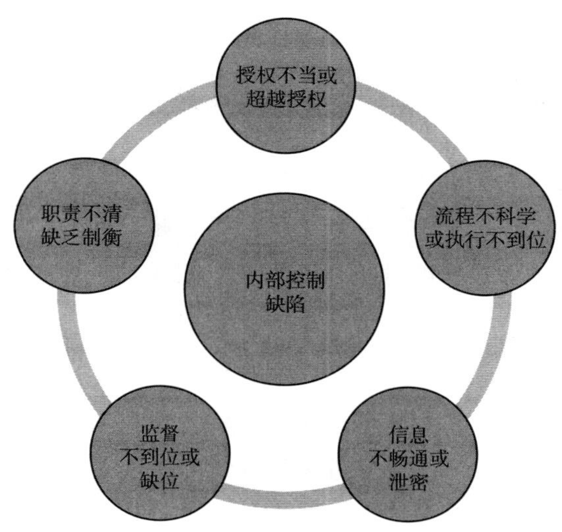

图 1－7　内部控制缺陷常见状况

生的第二起空难。大家在研究波音 737－8 飞机的空难事件时，大多数都指向了技术问题。技术确实出现了问题，但是，内部控制存在的重大缺陷却被忽略了。

美航工会成员表示，波音 737 MAX 型客机在投入使用前，飞行员们通过 IPad 接受了 56 分钟的培训，拿到了十几篇关于 737 MAX 型飞机和旧型号之间差异的文件，这就是他们所受的全部培训。西南航空的威克斯称，他和同事们同样是用 IPad 的“电子学习模块”进行培训的，具体而言是看了不到 3 小时的教学视频，然后就有资格驾驶波音 737 MAX 型客机飞上蓝天了。路透社报道称，因 2018 年的事故举行会议时，气氛“热烈而直接”，飞行员们直言不讳地指出，狮航飞机坠毁前，竟然无人通知他们 737 MAX 型的飞控系统中装有机动特性增稳系统（MCAS，旨在防止飞机失速的自动系统）。“飞控系统中装有可能影响操作的新组件，却没人告知飞行员。据我们所知，这是史无前例的头一回。”波音只在官方手册的附录里提过一次 MCAS，但没有解释它是什么，以及它能干什么。这些做法，明显是信息沟通不畅，给内部控制带来了重大隐患。

《西雅图时报》称，波音 737 MAX 客机的竞争对手是欧洲空客的 A320neo 客机，由于波音 737 MAX 的研发比对手晚了 9 个月，因此，联邦航空管理局就把波音 737 MAX 飞行控制系统的安全评估任务交给了波音公司，并要求自身的工程师们加快检查进度。波音 737 MAX 客机最后在 2017 年获得了联邦航空管理局的认证。这些做法，明显违背了不相容职务要分离的内部控制基本原则，波音公司是执行人，联邦航空管理局是监督检查人，结果波音公司既是执行人，又是检查人，不该相容的职务，执行与检查，都融为一体了，给内部控制又一次带来了重大隐患。

相关数据报道，美国的飞行员在近几个月中抱怨波音 737 MAX 的控制问题至少五次，其中似乎涉及 MCAS 系统，但没有引起高层的注意。安全工程师们把他们的发现通知了《西雅图时报》，后者在 11 天前，也就是埃塞俄比亚发生空难之前，把这个消息通知了波音公司和联邦航空管理局，都没有得到回应。这一重要信息没有被高层关注与采纳，给内部控制再次带来了更大隐患。

由此可见，波音公司内部控制的重大缺陷，主要有两个问题：一是内部管理信息上下不畅通，二是不相容职务没有得到有效分离。

六、内部控制的优化完善

由于人们在制度设计中具有主观性，因此我们不能对现实运行中的制度抱太多的完美幻想，认为制度设计中具有反馈修正性。一个组织为实现某种目标而建立的制度，如果由此得出的结果不符合初衷，就要时刻准备修改制度，优化制度，完善制度。

19 世纪末 20 世纪初，撑竿跳高这一运动被列入比赛项目。一个运动员在比赛中慢悠悠地来到横杆下，把撑竿插进沙子中，顺杆爬到横杆上方，然后翻过。裁判觉得不合理，但当时规则并没有禁止这样做。于是，委员会紧急协商规定，撑竿跳运动员必须有助跑，谁知该运动员跑到横杆下，然后又如法炮制。委员会不得不再次叫停，又协商规定，运动员必须助跑，双手握杆后不能沿杆再移动位置。这样，经过反复修改，撑竿跳运动规则才比较完善地固定下来。

由此可见，制度是在修正中慢慢演进的，任何制度都是如此。制度要得到修正，就要注意信息的反馈。例如，制度的严谨程度如何，制度的制定和实施成本如何，各相关方面的反映如何，等等。只有在众多真实信息的反馈下，制度才有可能得到进一步的改善。因此，没有一劳永逸的内部控制制度，内部控制制度需要在实践中不断修订、优化与完善。

有效的内部控制包含四层含义：一是，无人不控，在一个组织内部，上到最高管理者，下至每位普通员工，人人有责执行内部控制制度；二是，无时不控，内部控制贯穿于业务操作的全流程；三是，无处不控，内部控制与业务的速度和空间同步，任何部门、岗位都要有控制；四是，无事不控，小业务要控，大事情更要控，一切经营管理活动无不在控制之下进行。因此，内部控制要从人员、时间、空间与业务四个维度进行优化，优化制度要紧紧围绕单位组织的目标，通过优化内部控制，高效高质量地完成组织目标。

七、内部控制中的个人自律

有一个经典故事，说是有一位美国教授为了完成自己的学术研究，每一次来中国都是住陋室，穿小巷，不停地采访、记录，其工作精神令人敬佩。但他也有个出格的嗜好：到中国的第一天，总是让当地人陪他去软件市场，寻找中国盗版软件，乐而忘返。我们能理解这位美国教授的嗜好，那些刚出版的美国软件，如果在本地买，实在是太贵了，贵到连教授也买不起的地步。但反过来想：美国的制度环境能允许他这么做吗？一旦脱离了制度约束，人性中的弱点就有可能会出现。可以选择、可以改造的是制度，不可选择、不可改造的是人性。自律与制度密不可分，一个组织的内部控制制度需要每一个人自觉自律地执行。我们很多退伍军人，退伍不褪色，退役不退志。退伍以后，依然坚持在部队的好纪律好作风，坚持早起早睡，锻炼身体，整理床铺，整齐划一。是部队的制度与纪律，更是个人的自觉自律，保持了个人的良好生活习惯。

增强自律意识，从基本面来看，就是要增强全员的自律意识。即：每位员工首先要强化按规章制度办事的观念，不再是凭“经验”操作。其次，要树立制度面前人人平等的信念，不再是“唯命是从”。最后，要树立内部控制人人有责，从我做起的思想，不再是“事不关己，高高挂起”。增强自律意识可以从学习教育、剖析典型、调整人员三方面入手。每一个员工要做到业务再忙不忘学习规章制度；通过学习，要教育每位员工知道该做什么，不该做什么，从而有的放矢开展各项业务。要剖析正反两方面典型，使全体员工能够在学习经验上有标杆，吸取教训上有对象。要顶住一切压力，对那些置内控制度于不顾的我行我素者，果敢地进行调整，直到清理出队伍，以儆效尤。

八、内部审计

1. 权威定义

在 2011 年 1 月国际内部审计师协会（IIA）发布的新版《国际内部审计专

业实务框架》中，内部审计全新定义为：内部审计是一种独立、客观的确认和咨询活动，旨在增加价值和改善组织的运营。它通过应用系统的、规范的方法，评价并改善风险管理、控制及治理过程的效果，帮助组织实现其目标。2003 年 6 月，中国内部审计协会发布《内部审计准则》，作出定义："内部审计是指组织内部的一种独立客观的监督和评价活动，它通过审查和评价经营活动及内部控制的适当性、合法性和有效性来促进组织目标的实现。"内部审计、国家审计（政府审计）和社会审计（事务所审计、独立审计）并列为三大类审计。

内部审计的对象，不仅仅是财务会计资料，更主要的审计对象是"经营活动"与"内部控制制度"；内部审计的目标，不仅仅是"合法性"，更要体现"适当性"与"有效性"；内部审计工作，不仅仅是财务收支的舞弊防范，更是有形式多样的管理审计、效益审计、环境审计、战略审计等，以提高经济效益与社会效益。内部审计并不是孤立存在的，它是内部控制的重要组成部分。

今天的内部审计已经不是一个简单的查账工作，更不是故意挑毛病找差错，内部审计是组织内部管理的重要组成部分，是防范舞弊、降低风险、加强管理、提高效益、增加价值的重要工具。内部审计是"有病治病，消除腐败；无病健身，增强自身免疫功能"。内部审计是现代组织"由内而外的保养"过程。内部审计就是"一审二帮三促进。"内部审计人员是监督员，也是信息员，更是服务员。

2. 浙江实践创新

浙江苏泊尔股份有限公司（以下简称"苏泊尔"）是中国炊具行业首家上市公司（股票代码：002032），是中国最大、全球第二的炊具研发制造商和中国小家电领先品牌。控股股东为拥有 150 余年历史、在小型家用电器具和厨具行业占据全球领导地位的 Groupe SEB 集团。苏泊尔董事会下设审计委员会，审计委员会统一领导整个公司的内部审计工作，每年召开 4 次正式会议审阅内外部审计工作，并向董事会报告内部审计工作。苏泊尔内部审计部门设立于总部，负责具体执行公司年度审计计划，组织实施内部审计活动，包括监督检查公司财务报告及相关内容的真实性、评价公司内部控制制度（内部管理控制制度和内部会计控制制度）是否健全以及有效执行。苏泊尔各子公司财务部配备兼职人员，实施控制自我评估，向总部审计部报告评估结果。苏泊尔的内部审计通过由董事会批准的制度获得充分授权；通过组织机构和报告架构的设置保持独立性；通过适当的资源配置以及与外部审计资源的协调确保审计覆盖面和工作效果；通过审计项目找出公司不足点和控制薄弱环节；通过审计跟进促进各责任中心解决问题；最终为公司增加价值。

正泰集团组建于1994年，其内部审计机构诞生于1997年，创立了以需求为导向的内部审计模式。一是在集团公司不同发展阶段，根据不同需求，先后开展了被并购企业资产质量分析检查、规范财务收支健全制度、内部控制审计评价、经济效益审计和专项审计调查等不同的审计工作，促进集团健康发展。二是每年12月份开展“下年度内部审计需求调查”，向各个职能部门征求意见，特别是咨询服务需求调查，根据需求反馈信息，安排下年度审计项目，拓展审计服务领域。三是从其他方面积极发现审计需求，例如，优先安排董事会、监事会或管理层要求的审计项目；对员工普遍关心的热点问题（食堂、工会、物业、废品处理等）纳入内部审计需求的选择范围；对审计事项的整改，先由被审计单位自查自纠，审计部门再进行实地抽查，对所有审计项目进行全面跟踪检查，对于部门自查自纠和审计部门抽查发现的突出问题和普遍问题，都作为内部审计需求的关注点。

浙江上峰集团有限公司审计监察部以规范管理、降低成本、控制风险、客观评价为目标，以“防范胜于查处，审计寓于服务”为口号，以“只审计，不披露，等于没审计；只披露，不整改，等于没披露；只整改，不见效，等于没整改”为内训，行使监督和评价的职能，不断探索和构建更加完善的审计监督体系，全心全意为公司服务。他们的主要做法是：一是开展模拟审计，促进事前整改。模拟审计就是在正式审计之前，被审计单位主动要求内部审计帮助其开展自我检查、提供咨询服务、事前解决问题、实现公司目标的一种方式。通过模拟审计的方式，帮助被审计单位及时揭露问题，共同解决自身难以解决的问题。二是编制审计案例，共同研讨对策。审计监察部通过对事件发生的前因后果进行全面调查，根据审计调查情况，形成审计案例，明确各个部门的责任，供大家学习借鉴，杜绝问题重复发生。三是倡导协同审计，提高审计效率。在开展工作的过程中，审计监察部积极与财务部、品管部、总务部等相关部门或人员建立协同机制，不但减少工作量，提高工作效率，减少被审计对象的麻烦，而且开拓审计范围，充分识别风险，提高了审计效果。

雅戈尔集团创建于1979年，以服装品牌为主业，涉足地产开发、金融投资领域，多元化、专业化发展格局。董事长李如成明确规定：审计无禁区，包括审自己。雅戈尔集团审计部成立于1995年，他们的主要做法包括：一是实践服务理念，当好“服务员”。为被审计单位提供帮助，为他们向本单位领导反映工作难点，向上级领导反映心声。对于有利于企业提高经济效益的好做法，积极弘扬宣传。二是突出审计重点，规范控制流程。确定以价格审计、经济合同审计、内部控制审计、管理过程审计为审计重点。从原料采购、合同管理、成本控制、生产环节、存货管理、产品销售等环节的对接上，把控各个关键点。发现问题，提出意见，整改落实。三是开展“电网式”管理审计。依据公司制定的各种管理制度与政策，根据违规情节的严重程度，划分为“警告灯”“黄灯”“红灯”，触犯其中一档，就给予相应的处理处罚制度。实现“查有所依，罚有所据”。

宁波方太集团创建于1996年，始终专注于高端嵌入式厨房电器的研发和制造，该公司致力打造中西合璧的企业文化，探索并提出现代儒家管理模式，创造性地在管理中融合中国传统文化，形成独特的管理风格。公司审计部有近20人的专业审计团队，拥有营销与招投标两个审计中心。为增加价值并改善公司运营，满足公司发展，设计出既满足业务发展需求，又能够很好实现风险规避的审计策略和内部控制体系，成为部门的重要任务。方太集团审计部从2009年开始就全面推行风险导向审计，应用中总结出COSO、资源、业务模块三维度风险分析法，分别从内控要素、重要性、业务固有和控制风险三方面进行风险判析。

欧诗漫集团是我国化妆品十强企业，是国内唯一一家集珍珠养殖、珍珠饰品、珍珠化妆品、珍珠医药保健品产、供、销于一体的综合性开发企业。欧诗漫内部审计的主要做法有：一是评估营销政策和市场环境。评估市场需求与未来趋势，评估营销政策与营销制度，评估销售价格政策。每半年评估一次，及时发现问题，上报高层管理者。二是评估客户信用等级，控制不良客户产生。对代理商信用等级变化情况进行审计，对代理商的预收款余额、回款计划执行、发货计划执行、代理商本身的经营状况和经营成果进行详细分析评估。关注代理商仓库库存情况，防止代理商为了完成年度任务，在没有拓展市场的情况下，盲目要求公司发货，造成库存积压在代理商仓库现象的发生。三是评估营销人员自身能力。内部审计每月针对营销人员内部控制制度执行情况进行审计，例如，报酬制度、绩效考核、差旅费报销程序、客户访问制度等。每半年，审计部与人力资源部一起对营销人员进行一次评估，及时发现问题，控制舞弊风险。

在新时代的“长征路”上，浙江内部审计人，自觉践行了习近平总书记对于浙江儿女的新期望：“干在实处永无止境，走在前列要谋新篇，勇立潮头方显担当”。

3. 中央审计委员会

中国共产党中央审计委员会组建于2018年。2018年3月，中共中央印发了《深化党和国家机构改革方案》。方案称：为加强党中央对审计工作的领导，构建集中统一、全面覆盖、权威高效的审计监督体系，更好地发挥审计监督作用，组建中央审计委员会，作为党中央决策议事协调机构。改革审计管理体制，组建中央审计委员会，是加强党对审计工作领导的重大举措。要落实党中央对审计工作的部署要求，加强全国审计工作统筹，优化审计资源配置，做到应审尽审、凡审必严、严肃问责，努力构建集中统一、全面覆盖的审计监督体系，更好地发挥审计在党和国家监督体系中的重要作用。

习近平总书记指出，要深化审计制度改革，解放思想、与时俱进，创新审计理念，及时揭示和反映经济社会各领域的新情况、新问题、新趋势。要坚持科技强审，加强审计信息化建设。要加强对全国审计工作的领导，强化上级审计机关对下级审计机关的领导，加快形成审计工作全国一盘棋。要加强对内部审计工作的指导和监督，调动内部审计和社会审计的力量，增强审计监督合力。要加强审计机关自身建设，以审计精神立身，以创新规范立业，以自身建设立信。审计机关各级党组织要认真履行管党治党政治责任，努力建设信念坚定、业务精通、作风务实、清正廉洁的高素质专业化审计干部队伍。

由此可见，内部审计必须在党的领导下开展工作，内部审计是审计监督体系的重要组成部分，内部审计是实现审计全覆盖的重要力量。“以审计精神立身，以创新规范立业，以自身建设立信”是审计工作的指导思想。

九、若干现象分析

1. 关于人性“善恶”

中国“人善论”与西方“人恶论”。《三字经》有云：“人之初，性本善。”《圣经》故事里讲道：人类始祖亚当与夏娃偷吃禁果，被上帝打入人间受苦。

人生下来就是有罪的。西方《君主论》中认为：人性属恶，不加约束的权力最终导致腐败，主张相互制约、制衡，主张三权分立。由此可见，中国文化强调内部控制的文化与教育，而西方文化强调内部控制的监督与制衡。因此，中国共产党坚持标本兼治、综合治理、惩防并举、注重预防，建立健全教育、制度、监督并重的惩治和预防腐败体系，不断提高党的领导水平和拒腐防变能力。我们始终相信："人之初，性本善。"

2. 关于授权

授权要与监督和考评进行合理搭配。授权意味着信任，但是信任不能代替监督；授权意味着下放权力，权力与责任要对等，这就需要考评。因此，授权的控制，一定要有监督与考评的搭配。如果只有授权，没有监督或者考评，就会出现滥用权力的现象。在实际生活中，有的人玩弄权力，在授权范围内最大限度地扩张自己的权力；有的人滥用职权，通过授予的权力甚至超出授权范围的权力牟取私利，争权夺利，争上级的权，夺员工的利。使授权失去了控制。授权分为全权授权、部分授权、分层授权，授权需要"度"的把握，授权需要与监督检查的合理搭配。

3. 关于信息沟通

沟通是个体与个体、个体与组织、组织与组织之间相互交换信息、传达思想，从而达到相互理解的过程。沟通是信息传递的过程，是双向、互动的反馈和充分理解的过程。沟通不一定有效果，但是有效沟通一定要考虑双方的利益。有效沟通并不一定就是自己同意对方的看法，但可以是自己已经明确理解对方的主张、思想、意见等。有效沟通也不是要求对方一定要接受自己的观点，沟通双方能否达成一致意见，对方是否接受自己的观点或者自己是否接受对方观点，涉及双方的利益是否一致、目标是否一致、价值观念是否相似等关键因素。信息沟通是组织生存和活动的基础，良好的沟通技巧决定着组织绩效和员工士气，如果沟通不畅，最终会导致管理的混乱或失败，甚至影响组织的生存与发展。

沟通按照所借用媒介的不同，可以分为语言沟通与非语言沟通。语言沟通是借助语言符号系统进行的沟通，包括口头沟通和书面沟通。非语言沟通是指借助面部表情、身体姿势和动作传递信息的行为。沟通按照信息传送方向不同，可以分为双向沟通和单项沟通。单项沟通中，一方主动发送信息，另一方被动接受信息，双方在语言上和感情上都没有交流。双向沟通是发送者与接收者在沟通中的地位不断变化，相互发送信息、相互反馈信息。沟通渠道包括面谈、电话、书面、网络邮件、手机短信息等。究竟采用哪一种方式，主要取决于自己对待交流的目的，如果想要得到对方的反馈信息和情感体验，则适合面谈或电话沟通；如果只是想把自己的想法和意见传给对方，而不需要得到对方的反馈，则采用邮件和手机信息沟通。如果是急需沟通的事项，则应采用面谈或电话方式；如果是正式沟通，需要明确双方责任的，则必须采用规范的书面沟通形式。沟通方式如表 1－1 所示：

表 1－1　　　　不同沟通方式的特点

项目	面对面	电话	书面	网络
接触方式	直接	间接	间接	间接
表达方式	语言	语言	文字	文字
沟通内容	深入细致	受限制	全面丰富	全百丰富
情感氛围	可利用	无法利用	无法利用	无法利用
个性心理	有影响	有影响	不影响	不影响
联系方式	较慢较窄	快速广泛	较慢较窄	快速广泛
费用	最大	较大	较少	很少

沟通有四种类型：第一种类型是：不沟也不通，这是双方从根本上就没有一致性认同。第二种类型是：沟而不通，主要是双方的价值观与利益有重大分歧。第三种类型是：沟而能通，这是双方共同努力的结果，也是大家都渴望的结果。第四种类型是：不沟就通，这需要时间来解决问题。无论怎样，沟通要努力做到：在合适时间、合适地点、对合适的人、以合适方式、说合适的话。

在实际工作中，有些事情，沟也不通，但是可以商量。沟通与商量，这两个词语，有着不同的理解。沟通，在某种意义上，是为了达到自己的目的而强加于沟通对象，而商量是找出共同的话题，确定共同的目标后开展的，双方是自愿的。

4. 关于“变通”

变通的基本含义是，依据不同情况，做非原则性的变动，不拘泥成规；遇特殊情况，可以酌情处理。《周易·系辞下》：“《易》穷则变，变则通，通则久。是以‘自天佑之，吉无不利’。”就是说，凡事要会举一反三，在走不通的时候，改变一下现有的客观情况或主观情况，就会出现转机，使情况发生好转。“穷”指无路可走；“变”指改变，或改变思路；“通”指出现方法，解决问题；“久”指新鲜的元素不断补充进来，常新不衰。中国人喜欢“变通”，希望通过“变通”的方式来执行内部控制制度，从而实现“圆通”的结果。特别提醒，变通的原本意义是：变通不变质，变通是为了更好地解决问题，而不是违背制度与法律法规。以下现象，值得警惕：把行贿行为，找个理由通过送礼的方式，进行所谓贺喜庆生，从而实现性质变通；对于金额较大的业务，变通为分次填开发票，使报销金额在授权范围内，从而实现数字变通；外出旅游，以考察、调研、培训等方式，进行名目变通；有些特殊业务，实行先斩后奏，事后进行补签手续的形式变通；当事人无法变通时，通过发生经济业务的相关酒店、银行、超市等单位，按照自己的意图实行主体变通。这些形形色色的“变通”方式，有的是当事人为了避免烦琐的内部控制手续，有的是当事人贪小便宜，有的是当事人可能处于舞弊的动机。

5. 关于人情与面子

中国人注重人性尊严，讲究人情热度。中国人的“要面子、重人情、靠关系”现象，普遍存在。有些人，时时要面子，事事讲情理，办事靠关系，做事会变通，内部控制制度对于他们来说基本上就是“花瓶”。有些人，天不怕地不怕，就怕受到高度关怀，只要领导高度重视自己，就会把事情做得非常圆满成功，而这与制度的激励和约束没有太大关系。有些人，天生不喜欢制度，有制度也不理，并且错误认为制度制约的对象是老实人、没有能力的人以及无依无靠的人。我们必须明白：制度是所有人的事，人情是两个人的事，所有人的事应该大于两个人的事。其实，好多事成在人情上，也坏在人情上；温暖在人情上，也扭曲在人情上。如果社会中人情泛滥，最先沦陷的，往往是契约，规则与制度。因此，在注重人情与面子的情况下，我们要努力做到：控制当中给面子，办事当中重情理，关系当中讲原则，变通之后不变质。实际上，比人情格局更大的，是道义。群体的道义感，就是一个民族的情怀。一个有情怀的民族，必然要从人情出发，却不止于人情。一个有情怀的民族，更注重制度、规则、法律。道义始于温暖和善良，终于法律和制度。反之，一个不讲人情的群体，即使有制度与规则，道义也会被标注成为无情无义的呆板与冷漠。

第二节　内部控制主体

一、新时代

习近平总书记在中国共产党第十九次代表大会《决胜全面建成小康社会夺取新时代中国特色社会主义伟大胜利》报告中，明确指出："中国特色社会主义进入新时代，我国社会主要矛盾已经转化为人民日益增长的美好生活需要和不平衡不充分的发展之间的矛盾。"新时代，新形势，新思想，新目标，带来新的要求，踏上新的征程。

习近平总书记在报告中明确指出："增强党自我净化能力，根本靠强化党的自我监督和群众监督。要加强对权力运行的制约和监督，让人民监督权力，让权力在阳光下运行，把权力关进制度的笼子。强化自上而下的组织监督，改进自下而上的民主监督，发挥同级相互监督作用，加强对党员领导干部的日常管理监督。"勇于自我革命，从严管党治党，是中国共产党最鲜明的品格。积极开展行政事业单位内部控制，是防范腐败的重要手段，全面开展内部控制建设，是实现从严治党的重要组成部分。

习近平总书记特别强调："全面推进党的政治建设、思想建设、组织建设、作风建设、纪律建设，把制度建设贯穿其中，深入推进反腐败斗争。"行政事业单位全面深入推进内部控制制度，是实现以上五个方面建设的基础。行政事业单位如何深入推进内部控制度建设，这将是一个长期的工作。制度的推行，不仅仅在于流程的再造，更主要的是人的执行。领导的带头执行与自觉遵守，群众的广泛参与，监督者的道德与能力，是贯彻执行内部控制制度的三个关键环节。

二、领导

授权审批控制，是行政事业单位内部控制的起点，明确各岗位办理业务和事项的权限范围、审批程序和相关责任，并建立重大事项集体决策和会签制度。单位内部的各级管理层必须在授权范围内行使职权和承担责任，经办人员也必须在授权范围内办理业务。行政事业单位内部的各级领导干部在授权审批中，扮演着重要角色。审批不当或者超越授权，都可能给单位带来各种风险或者产生腐败行为。

习近平总书记在中国共产党第十八届中央纪律检查委员会第三次全体会议上强调：抓作风建设，首先要坚定理想信念，牢记党的性质和宗旨，牢记党对干部的要求。作为党的干部，就是要讲大公无私、公私分明、先公后私、公而忘私，只有一心为公、事事出于公心，才能坦荡做人、谨慎用权，才能光明正大、堂堂正正。作风问题都与公私问题有联系，都与公款、公权有关系。公款姓公，一分一厘都不能乱花；公权为民，一丝一毫都不能私用。领导干部必须时刻清楚这一点，做到公私分明、克己奉公、严格自律。

由此可见，“公私分明”是开展内部控制制度的出发点与归属点。任何制度的设计与执行，必须做到“公私分明”。公权不能私用，公款不能私用，公车不能私用。同样，私车也不能公用，私款不能公用。常言道：村看村、户看户、群众看干部。领导干部的模范带头作用，是贯彻执行内部控制制度的关键。领导干部如何带头呢？一是要带头遵守制度，带头执行制度，这是保障制度发挥作用的关键。各级领导干部，在执行各项内部控制制度中，特别是“八项规定”与“三公经费”，必须带头执行、自觉执行，做到不超越标准，不违反流程手续。二是各级领导干部，在授权审批中，应该严格按照授权范围进行审批，严禁超越授权的审批行为。超越自己的审批范围和审批权限而进行的审批行为，不仅破坏了制度与秩序，而且还容易滋生舞弊与违法行为的发生。三是积极践行“集体决策”制度，对于重大事项必须坚守集体讨论集体决策制度。同时还要充分征求专家意见，征求群众意见。专家意见与群众意见是开展重大决策的重要组成部分。榜样的力量是无穷的，领导干部做到公私分明，遵守各项制度，带头执行制度，群众也会敬畏制度遵守制度，从而树立良好的社会风气。

三、群众

内部控制，人人有责。内部控制不只是会计人员的职责，也不仅仅是领导干部的职责。内部控制制度的执行，需要广大群众在各自的岗位上贯彻执行。开展预算管理，采购办公用品，报销差旅费，签订各项合同，执行各项收支业务，管理各种资产，这些行为都需要每一位职员在自己的工作岗位上完成，每一项内部控制制度的贯彻执行都离不开每一位职员。如果有任何职员在执行制度中出现问题，制度都可能是无效的，甚至给单位带来巨大风险。内部控制制度的完善，需要广大群众的集思广益，与时俱进。因为只有处在一线的职员，在实际执行制度的过程中，才能发现制度存在的问题，并且能提出改进和完善的建议。人民群众是真正的英雄，是内部控制制度的实践者与完善者。内部控制，从群众中来，到群众中去。离开了广大人民群众，内部控制制度就是一纸空文。

群众路线是党的根本工作路线，领导群众进行一切实际工作时，要取得正确的领导意见，必须从群众中来、到群众中去，实现领导和群众相结合。也就是说，要把群众的意见集中起来，化为系统的意见，再回到群众中坚持下去，在群众的行动中考验这些意见是否正确。一切为了群众，全心全意地为人民服务，是党的根本宗旨，是党的工作的根本出发点和归宿。一切为了群众，就必须对人民负责，善于为人民服务。党的一切工作，必须以最广大人民的根本利益为最高标准。一切依靠群众，首先要相信群众能够自己解放自己，要尊重和支持人民群众的革命首创精神。一切依靠群众，就应该虚心向人民群众学习，善于从群众的议论中发现问题，提出解决问题的方针和政策。一切依靠群众，必须在工作中发动群众、组织群众。要在新形势下努力创造发动和组织群众的新方式、新方法。

习近平总书记反复强调：要学习和掌握人民群众是历史创造者的观点。人民是推动历史前进的真正动力，是真正的英雄。中国特色社会主义事业是亿万人民自己的事业，是为了人民、造福人民的事业。要充分相信群众，紧紧依靠群众推动事业发展，尊重人民主体地位、尊重群众首创精神，鼓励地方、基层、群众大胆探索，从人民群众的伟大创造中汲取智慧和力量。要坚持以民为本、以人为本，把实现好、维护好、发展好最广大人民根本利益作为一切工作的出发点和落脚点，让发展成果更多更公平惠及全体人民。

行政事业单位内部控制的基本目标是：保护公共财产安全，保证财务会计信息真实可靠，预防各种腐败现象发生，提高公共服务效率。这些都是人民群众的利益所在。维护人民群众的根本利益，不断提升人民群众的满意度与获得感，就是内部控制的根本目的。内部控制的所有措施都是为了人民群众的根本利益，保护人民群众的自身利益不受侵害。一切好的控制方法，都是人民群众在实践中创造出来的，尊重群众的首创精神，虚心听取群众呼声，不断征求群众对待内部控制的意见，不断改进控制办法，完善内控制度，将是一个长期的工作，制度建设永远在路上。总之，群众是贯彻执行内部控制制度的主体，群众是建设完善内部控制制度的主人。

四、监督者

监督检查是内部控制的重要环节。无论是业务监督、会计监督还是内部审计监督，都需要设立监督岗位，配备专职的监督人员。监督检查是内部控制的最后一道防线，相当于足球场上的守门员。如果监督检查没有发挥作用，则前期的所有控制措施方法都会前功尽弃。因此，如何监督？由谁来监督？这是行政事业单位内部控制非常重要的现实问题。

习近平总书记在十九大报告中指出："文化是一个国家、一个民族的灵魂。文化兴国运兴，文化强民族强。没有高度的文化自信，没有文化的繁荣兴盛，就没有中华民族伟大复兴。中国特色社会主义文化，源自于中华民族五千多年文明历史所孕育的中华优秀传统文化。"行政事业单位在建设内部控制制度中，如何继承和发扬中华民族的优秀传统文化，非常值得我们去发现、挖掘与运用。

中国传统的优秀文化著作中，有不少关于监督检查工作的内容，闪耀着智慧的光芒。《商君书》（禁使）中说："上与吏也，事合而利异者也。今夫驺、虞以相监，不可，事合而利异者也。若使马、焉能言，则驺、虞无所逃其恶矣，利异也。利合而恶同者，父不能以问子，君不能以问臣。吏之与吏，利合而恶同也。夫事合而利异者，先王之所以为端也。"意思是说：君主与官吏，事务相关而利益不同。让马夫和马夫互相监督就不行，因为他们事务相关而利益一致。假如马会说话，马夫的罪恶就不能隐藏了，因为马和马夫的利益是相矛盾的。利益一致、罪恶相同的人，父亲不能追究儿子，君主不能追究臣下。官吏与官吏就是利益相同而罪恶也相同。只有事务相关而利益不同的人们，才是帝王建立互相保证的根据。马与马夫的故事，告诉我们，官官相护是必然，利异相监是根本。

甲骨文中记录了大量的纳贡活动，其中记事刻辞就记载了带有经济监督性质的活动。甲桥刻辞，是指刻于龟腹甲与背甲相连的部位——甲桥上的记事文字。甲桥分左桥和右桥。甲桥刻辞中记载了进贡龟甲的来源。其中，右桥记贡入，左桥记核验。甲桥刻辞中，右桥记某人贡入若干龟，左桥则记监视结果和审验者。而审验者，均是有地位的贵妇人。甲骨文记载的贵妇人审验制度，告诉我们：监督检查人的职业能力与道德修养非常重要。一定要选择具有“贵妇人”气质的人员履行监督检查的职责。这里所说的“贵妇人”，是指见过世面的人。“贵妇人”，一方面，熟知各种合法合规的行为，同时对各种舞弊的手段也都了如指掌；另一方面，具有高尚的道德情操，同时自己的生活与家庭相对比较富裕不为金钱财富所心动。

实际工作中为什么会出现监督者与被监督者同流合污的现象，且屡禁不止？中国优秀传统文化告诉了我们答案：让利益不同的人员或者部门进行相互监督，才能真正发挥作用。让利益相同的人员相互监督，可能就会出现同流合污或者“官官相护”。履行监督检查职责的人员资格非常重要，不是任何人都可以做好监督检查工作的，“贵妇人”才是最好人选，“打铁必须自身硬”。

第三节　内部控制制度“点”“线”“面”

一、两个基本“点”

内部控制的两个基本“点”，就是“重点”与“关键点”。控制“重点”是指要以人为本，既要把员工当成控制客体，更要把员工当成控制的主体。实现员工的自我控制、相互控制与群众性控制。充分调动广大群众的积极性、主动性与创造性。注重情感关怀与成长关怀。内部控制的最高境界就是实现自我控制，自省、自律、自控，是实现自我控制的三个基本要素。自省是前提，自律是意识，自控是方法。控制“关键点”，也就是实现目标的“关键一招”。实现目标的控制“强点”是什么？“风险点”的关键控制措施是什么？不同单位、不同事件、不同目标、不同时期，关键控制点都不一样。要实事求是，因地制宜，灵活多变，把控好“关键点”。

下面给大家分享两个小事例，以示启发：

大家住宿酒店是否注意到房卡这个关键控制点？每个酒店对于房卡的管理，几乎是同一种方法：刷卡进房间，插卡取电，拔卡再出门。酒店对于房卡的管理，是经典的“关键控制点”。每一个客人住宿酒店办理手续时，必须先行支付费用，支付几天的费用，酒店服务员就给你刷卡几天，绝不会超期刷卡。每天中午十二点或者两点以后，如果房费没有及时支付，房卡就无法再打开房门了。客人如果还需要续住，就必须到总台继续支付延期住宿的房费，办理房间刷卡手续，否则房门是无法打开的。这样一来，酒店的收入有了保证，而且没有发生应收账款以及可能发生的坏账损失。客人进房间插卡取电，出门拔卡关门，酒店的电费得到有效控制，既安全防火又节约成本。酒店的收入与成本都得到了有效控制。客人进门插卡，出门拔卡，卡不离身，就像自己家的房门钥匙，不仅进出方便，而且自己的财产也得到安全保证。一张小小的房卡，体现了以人为本的自我控制与关键控制，使酒店和客人实现了双赢。一张小小的房卡，告诉我们，关键控制点，一个就够了。

另一个是培训吃饭的例子。有一年我去一个地方讲课，当时听课的人特别多，大概有三百多人。第一天中午吃饭，就遇到了大问题。当时酒店安排是圆桌吃饭，十人一桌。有一个学员，下课后由于其他原因，到达餐厅晚了，大家基本上都吃完了，餐桌上的饭菜几乎没有了，这个学员就要求主办方给自己一个说法。他的理由是，自己和其他学员缴纳了同等的培训费，却没有午饭吃，认为不公平不合理，要求主办方退还部分培训费用。主办方在解决了这个问题后，马上告诉我，下午讲课前，要强调晚餐吃饭的纪律，一桌十人，坐齐了再一起吃饭，要有素质有修养。我讲课时也进行了宣传教育，但是晚饭时分，依然存在着有人抢先吃饭、有的人没有吃好饭的现象。主办方又和酒店经理沟通，希望第二天吃饭时，上菜的时间要控制好，不要提前上菜。可是酒店经理说不行，因为在下课时间，三百多人聚集的餐厅，人多杂乱，服务员没有足够的空间进行上菜，只有在下课前，在充足的时间和空间提前把菜都放好。当我们大家都在焦虑明天吃饭的秩序时，餐厅部经理告诉我们，明天中午的吃饭秩序一定会好。第二天，当我们下课到达餐厅时，看到了惊人的一幕，没有一个学员提前吃饭，都坐在桌子旁边，要么沉默看手机，要么说话聊天。再转身一看，服务员整齐地站成一排紧靠墙壁，双手抱一把筷子在胸前。每个服务员授权管理若干张桌子，当一桌坐满十人，服务员就发筷子，不够十人的餐桌，前后左右调剂，达到十人一桌再发筷子。从此吃饭场面平静祥和，没有了矛盾。当我惊讶地赞赏餐厅部经理时，他谦虚地说："是受到您王老师的讲课启发啊！您一直在强调关键控制点，筷子就是吃饭的关键控制点。"当我无地自容，惭愧地说自己只会纸上谈兵时，这个餐厅部经理宽慰我说："王老师，您不要难过。理论与实践的差异，有时候是想不到的。民族的差异性，使我才有了这个想法。之前，我在新疆做餐厅部经理，这个办法就不管用。”我还迟钝地问这个餐厅部经理为什么他笑着说：“因为新疆人吃抓饭，不用筷子啊。”一双筷子的故事告诉我们：关键控制点，因人而异，因地制宜。

岗位责任制是“重点”与“关键点”的集中体现。岗位责任制是指根据单位各个工作岗位的工作性质和业务特点，明确规定其职责、权限，并按照规定的工作标准进行考核及奖惩而建立起来的制度。实行岗位责任制，有助于单位工作的科学化、制度化。建立和健全岗位责任制，必须明确任务和人员编制，然后才有可能以任务定岗位，以岗位定人员，责任落实到人，各尽其职，达到事事有人负责的目标，避免“有人没事干，有事又没人干”的局面，避免苦乐不均现象的发生。岗位责任制的原则：一是才能与岗位相统一的原则；二是职责与权利相统一的原则。职、责、权、利四项是每个工作岗位不可或缺的因素，责任到人，就必须权力到人，并使之与实际利益密切联系，体现分配原则。有责任无权力，难以取得工作成效；有权力无责任，将导致滥用权力。因此，建立岗位责任制，必须使岗位中的每一个成员都有明确的职责、权力和相适应的利益享受。三是考核与奖惩相一致的原则。岗位责任制的层次有：本单位的总体职能、内设科室的主要职责、具体岗位的设置及其职责、具体岗位岗责任人。

二、三条基本“线”

我国《企业内部控制应用指引》，具体涉及人力资源、资金活动、资产管理、采购业务、销售业务、工程项目、担保业务、研究开发、预算管理等方面。我国《行政事业单位内部控制规范》，具体涉及预算业务、收支业务、政府采购、资产控制、建设项目、合同控制等方面。这些内部控制，有的是对事的控制，即业务流程线，简称“事线”；有的是对物的控制，简称“物线”；有的是对人的控制，简称“人线”。“人”总是要做“事”的，做“事”的过程中，必然要涉及“物”的使用，这就是三者之间的相互关系。无论是“人”线，“事”线，还是“物”线，都要考虑“点”（岗位责任制）与“线”（业务流程）的关系，“始”（预算）与“终”（考核）的关系，“虚”（账簿记录）与“实”（实物流转）的关系。这三条“线”最终都要量化为“资金”线。如图1－8所示：

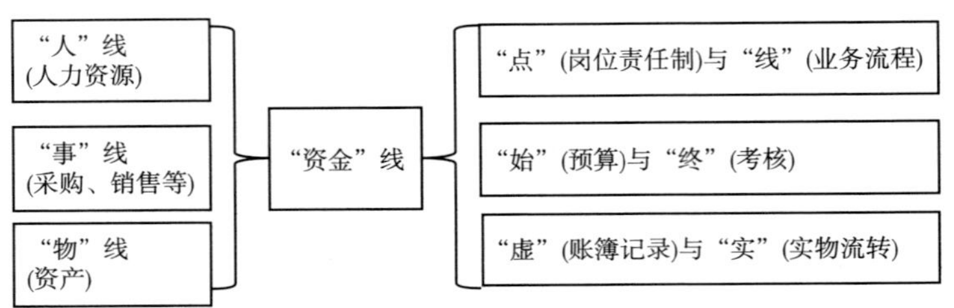

图 1－8　内控的三条基本"线"

其中，"人"线是指人力资源从招聘进入单位开始，经历培训、上岗、使用、考核、晋升、再培训、再晋升等环节，最后以退休、调出等方式退出该组织。主要内容有职务分析与设计、人力资源规划、员工招聘与选拔、绩效考评、薪酬管理、员工激励、培训与开发、职业生涯规划、劳动关系管理等。"事"线是为达到特定的价值目标而由不同的人分别共同完成的一系列活动。活动之间不仅有严格的先后顺序限定，而且活动的内容、方式、责任等也都必须有明确的安排和界定，使不同活动在不同岗位角色之间进行转手交接成为可能。活动与活动之间在时间和空间上的转移可以有较大的跨度。主要的业务流程是由直接存在于企业的价值链条上的一系列活动及其之间的关系构成的，一般来说包含了采购、生产、销售等活动。辅助的业务流程是由为主要业务流程提供服务的一系列活动及其之间的关系构成的，一般来说包含了管理、后勤保障、财务等活动。"物"线是指各种资产的形成、使用与退出的全过程。主要内容有采购、建造、使用、维修、更新、改造、消耗、淘汰等环节。"资金"线是指资金的形成、使用、转化的过程。"事"线是"人"线的烙印，"物"线是"事"线的载体，无论"人"线、"事"线还是"物"线，都有一条看不见的"资金"线，都存在"点"与"线"的关系，"始"与"终"的关系，"虚"与"实"的关系。

三、一个综合"面"

内部控制制度的综合"面"是指：一个组织的内部控制要围绕组织目标，在综合考虑外部环境与内部条件下，灵活使用内部控制的五大核心要素。外部环境是指市场风险、法律风险、监管风险、舆情风险等方面，内部条件是指领导风格、组织文化、员工素质、组织机构设置等。如图 1－9 所示：

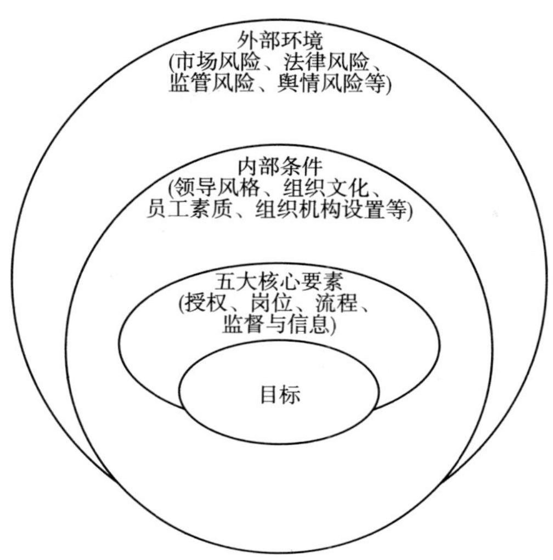

图1-9　内控的一个综合"面"

领导风格，是指领导者的行为模式，是习惯化的领导方式所表现出的种种特点。领导风格是在长期的个人经历、领导实践中逐步形成的，并在领导实践中自觉或不自觉地稳定发挥作用，具有较强的个性化色彩。每一位领寻者，都有与其个性、经历、工作环境等相联系的风格。领导者在影响别人时，会采用不同的行为模式达到目的。领导风格对于内部控制的影响也是巨大的：重视与不重视内部控制，尊重与不尊重内部控制，授权与不授权，信任与不信任，监督与不监督等方面，对于一个组织内部控制的整体设计具有重大影响。

组织文化，是一个组织在长期的生存和发展中所形成的为组织所特有的且为组织多数成员共同遵循的基本信念、价值标准和行为规范的总和。具体地说，组织文化是指组织全体成员共同接受的价值观念、思维方式、行为准则、团队意识、工作作风等群体意识的总称。一个组织的特有文化，对于内部控制的设计与执行具有重大影响，不同的组织文化，体现出不同的制度安排。

员工素质，既包括员工的业务水平，也包括员工的职业道德。爱岗敬业、诚实守信、遵纪守法、团结互助、努力学习、积极进取、开拓创新等都是员工素质的基本体现。员工素质的高低与工作效率有密切关系，员工素质的高低与内部控制的执行更有密切关系。员工素质高，内部控制制度的执行率就高，执行效果就好。员工素质也需要在不断培训与培养中不断提升。

组织机构，是按照一定的原则设置的，是组织内部职能分配的一种体现，是对于工作任务该如何进行分工、分组和协调合作，是表明组织各部分排列顺序、空间位置、聚散状态、联系方式以及各要素之间相互关系的一种模式，是整个管理系统的“框架”。组织机构的设计方法是：以组织目标为出发点，以具体业务活动为依据。股东大会、董事会、监事会是基本的公司治理结构。部门结构设计，以利润为中心，可采用事业部制。以成本或责任为中心，则适宜直线制或直线职能制。不同的机构设置，体现的内部控制也有巨大差异，特别是在授权与监督方面，具有不同特点。

市场风险，是指由于基础资产市场价格的不利变动或者急剧波动而导致衍生工具价格或者价值变动的风险。基础资产的市场价格变动包括市场利率、汇率、股票、债券行情的变动。内部控制要提前感知市场风险，识别市场风险，防范市场风险。

法律风险，是指在法律实施过程中，由于企业外部的法律环境发生变化，或由于包括企业自身在内的各种业务未按照法律规定或合同约定行使权利、履行义务，而对企业造成负面法律后果的可能性。内部控制应识别来自内部与外部的各种法律风险，及时消除法律风险，减少纠纷，减少损失。

监管风险，是指由于法律或监管规定的变化，可能影响企业正常运营，或削弱其竞争能力与生存能力的风险。在我国，证监会、银保监会、财政税务、工商、银行等来自各个方面的职能监管，对企业的正常经营也会带来一定的风险。企业应与这些监管部门积极对接，加强沟通，合法合规经营，化解监管风险。

舆情风险，是指政府部门和企业单位在从事社会管理和经济活动的时候，可能面临的来自社会或者网络的负面信息、虚假信息、谣言等，这些负面信息通过发酵可能产生的舆情危机。规避舆情风险需要通过实时的舆情监测，做好舆情预警和舆情发展动态分析，监控网络上与其相关的各种言论话题，对于存在引发危机风险的言论及时引导化解。

第四节　内部控制流程“三部曲”

一、内部控制设计

内部控制设计是从管理流程的角度，对企业内部重要业务事项和高风险领域，从决策、执行、监督等全方位，梳理优化制度流程，辨识评估关键风险点，制定风险控制策略，最终实现防范企业经营风险，提高经济效益与社会效益的一系列活动。

内部控制设计思路，可以按照部门设计，可以按照项目设计，也可以按照流程设计。内部控制设计方法，以预防为主、查处为辅；注重相互牵制；把握关键控制点；设立补救措施。内部控制设计层次，一是组织层面内部控制，包括组织架构（董事会、经理层、职能部门等）、发展战略、公司文化、财务会计制度、预算管理制度、人力资源管理制度、质量管理制度、安全保障制度（材料、设备、产品、环保、信息、资金、员工人身安全等）、内部审计制度、对下属单位管理控制等。二是业务层面，包括货币资金、采购与付款、存货与生产、销售与收款、筹资与投资、成本费用、固定资产、工程项目、对外担保、经济合同等。

内部控制的设计主体必须明确，不能各个部门各自为政，也不能简单地把内部控制度设计外包给社会中介机构。单位要明确一个部门，统一协调管理。内部控制是一个完整的体系，不是一个单一的制度，设立内部控制项目建设委员会这样的组织机构十分必要。

二、内部控制实施

内部控制，人人有责。群众路线，人人实施。设计科学合理全面的内部控制制度，如果执行不好或者执行不到位，再好的制度也没有用。从董事长、总经理、部门经理，到会计出纳、门卫保安、保管保洁等，人人都要对内部控制制度有敬畏之心，自觉遵守，自觉践行。按章办事，执行到位，才能保证业务活动正常进行，才能保证组织目标的基本实现。群众路线要求我们从群众中来，到群众中去。内部控制制度，需要群众来贯彻实施，内部控制的缺陷，需要群众发现，内部控制完善，需要群众群策群力。内部控制实施的主要工作有：宣传引导教育培训（全员参与的责任意识）、内部控制方法与程序、内部控制权责体系的界定、分步实施逐步完善内控、执行过程的有效监督（上下监督与下上监督）、动态调整、独立评估工作、管理层的表率作用、管理层的串通舞弊防范、突发事件应急管理机制、反映和举报等。

三、内部控制评价与改进

财政部、证监会、审计署、银监会、保监会发布了《企业内部控制评价指引》（2010 年）。本指引所称内部控制评价，是指企业董事会或类似权力机构对内部控制的有效性进行全面评价、形成评价结论、出具评价报告的过程。企业应当根据《企业内部控制基本规范》、应用指引以及本企业的内部控制制度，围绕内部环境、风险评估、控制活动、信息与沟通、内部监督等要素，确定内部控制评价的具体内容，对内部控制设计与运行情况进行全面评价。这是政府的强制规定，要求企业对社会承诺，对公众负责。

内部控制评价的对象是内部控制的有效性，所谓内部控制的有效性，是指企业建立与实施内部控制对实现控制目标提供合理保证的程度。从控制过程角度，内部控制的有效性可分为内部控制设计的有效性和内部控制运行的有效性。内部控制设计的有效性是指为实现控制目标所必需的内部控制程序都存在并且设计恰当，能够为控制目标的实现提供合理保证；内部控制运行的有效性是指在内部控制设计有效的前提下，内部控制能够按照设计的内部控制程序正确地执行，从而为控制目标的实现提供合理保证。内部控制运行的有效性离不开设计的有效性，如果内部控制在设计上存在漏洞，即使这些内部控制制度能够得到一贯的执行，那么也不能认为其运行是有效的。

另外，财政部、证监会、审计署、银监会、保监会发布了《企业内部控制审计指引》（2010 年），中国注册会计师协会（2011 年）《企业内部控制审计指引实施意见》，目的是财务报告的内部控制有效性。中国内部审计协会发布了内部审计具体准则《内部控制审计》，目的是通过内部控制审计，及时发现控制缺陷与控制风险，及时进行纠正，其内部控制审计报告并不对外公开，是内部管理控制的具体措施。

内部控制评价是一个过程，内部控制评价工作不是一蹴而就的，它是一个涵盖计划、实施、编报等多个阶段、包含多个步骤的动态过程。内部控制评价工作，不是为评价而评价，更不是为报告而报告。通过评价，改进内部控制，不断优化内部控制制度与流程，健全内部控制体系，防范各种风险发生，进而实现组织管理目标。实际上，内部控制评价工作，就是一个批评与自我批评的过程，通过批评，发现缺陷，通过自我批评，使自己进步。

内部控制的设计、实施与改进，是内部控制流程中的“三部曲”，第一部曲，内部控制制度的设计要全面、科学、合理，需要围绕组织目标，服务全局，协调统筹；第二部曲，内部控制制度的执行要高效率实现，并且通过实施能够实现组织的控制目标，内部控制需要全员实施；第三部曲，内部控制制度需要评价与改进，在实施中发现内部控制的缺陷，及时优化完善，健全制度，防范风险。设计是基础，基础不牢，地动山摇；实施是关键，干在实处，永无止境；改进是提升，走在前列，要谋新篇。

第五节　内部控制措施“两支点”

一、基本原理

内部控制措施的两大支点是约束与激励，激励就是激发人性的“强点”、优点和未实现的真正需求，约束就是制约人性的弱点、缺点和不正当的需求。如果约束了人的“强点”、优点和未实现的真正需求，激励了人的弱点、缺点和不正当的需求，必将导致内部控制的失败。

马斯洛需求层次理论把需求分成生理需求（衣食住行）；安全需求；情感与归属需求（友谊、爱情）；尊重需求；自我实现需求。这五类需求，依次由较低层次到较高层次排列。在自我实现需求之后，还有自我超越需求，但通常不作为马斯洛需求层次理论中必要的层次，大多数会将自我超越合并至自我实现需求当中。

马斯洛的需求层次理论，通俗理解就是：假如一个人同时缺乏食物、安全、爱和尊重，通常对食物的需求量是最强烈的，其他需要则显得不那么重要。此时人的意识几乎全被饥饿占据，所有能量都被用来获取食物。在这种极端情况下，人生的全部意义就是吃，其他什么都不重要。只有当人从生理需要的控制下解放出来时，才可能出现更高级的、社会化程度更高的需要。

1. 生理上的需要

这是人类维持自身生存的最基本要求，包括饥、渴、衣、住、性的方面的要求。如果这些需要得不到满足，人类的生存就成了问题。在这个意义上说，生理需要是推动人们行动的最强大的动力。马斯洛认为，只有这些最基本的需要满足到维持生存所必需的程度后，其他的需要才能成为新的激励因素，而到了此时，这些已相对满足的需要也就不再成为激励因素了。

2. 安全上的需要

这是人类要求保障自身安全、摆脱失业和丧失财产威胁、避免职业病的侵袭、避免严酷监督等方面的需要。马斯洛认为，整个有机体是一个追求安全的机制，人的感受器官、效应器官、智能和其他能量主要是寻求安全的工具，甚至可以把科学和人生观都看成是满足安全需要的一部分。当然，一旦这种需要相对满足后，也就不再成为激励因素了。

3. 感情上的需要

这一层次的需要包括两个方面的内容。一是友爱的需要，即人人都需要伙伴之间、同事之间的关系融洽或保持友谊和忠诚；人人都希望得到爱情，希望爱别人，也渴望接受别人的爱。二是归属的需要，即人都有一种归属于一个群体的感情，希望成为群体中的一员，并相互关心和照顾。感情上的需要比生理上的需要来得细致，它和一个人的生理特性、经历、教育、宗教信仰都有关系。

4. 尊重的需要

人人都希望自己有稳定的社会地位，要求个人的能力和成就得到社会的承认。尊重的需要又可分为内部尊重和外部尊重。内部尊重是指一个人希望在各种不同情境中有实力、能胜任、充满信心、能独立自主。总之，内部尊重就是人的自尊。外部尊重是指一个人希望有地位、有威信，受到别人的尊重、信赖和高度评价。马斯洛认为，尊重的需要得到了满足，能使人对自己充满信心，对社会满腔热情，体验到自己活着的用处和价值。

5. 自我实现的需要

这是最高层次的需要，它是指实现个人理想、抱负，发挥个人的能力到最大程度，完成与自己能力相称的一切事情的需要。也就是说，人必须干称职的工作，这样才会使他们感到最大的快乐。马斯洛提出，为满足自我实现需要所采取的途径是因人而异的。自我实现的需要是在努力实现自己的潜力，使自己成为自己所期望的人。

人生在不同阶段的需求是不一样的，不同岗位人员的需求也是不一样的，不同境界人员的需求更是不一样的。恰如其分地激励与约束，才能真正发挥内部控制的作用。人生在不同阶段的需求表现：婴幼儿时期，需求是单一的，就是吃饭睡觉，在父母的精心照顾下成长；少年时期，在自我成长的过程中，需求基本上也是单一的，就是读书学习，掌握本领；青年时期，参加了工作，需求就开始呈现出了多样性，既有生活的需求，也有工作的需求，更有理想的追求；中年时期，人们的需求在多样化的基础上，更具有针对性，薪酬、晋升、成就、权威等；老年时期，进入退休状态，需求再次呈现单一状态，那就是平安健康长寿，吃饭睡觉运动。

不同岗位人员的不同需求如表1-2所示：

表1-2　　　　不同岗位人员需求顺序表

排序	管理者	专业人员	事务人员	钟点工
1	薪酬	晋升	薪酬	薪酬
2	晋升	薪酬	晋升	稳定
3	权威	挑战性	管理	尊重
4	成就	新技能	尊重	管理
5	挑战性	管理	稳定	晋升

不同境界人员的不同需求，我们以《西游记》中的不同人物的不同需求进行分析，如表1-3所示：

表1-3　　　　不同境界人员需求层次表

1	孙悟空：自我实现需求（价值、发现、创造）
2	唐僧：尊重需求（荣誉、成就）
3	白龙马：情感需求（友情、归属）
4	沙僧：安全需求（安全、秩序）
5	八戒：生理需求（食物、性）

激励是指激发人的行为的心理过程。激励这个概念用于管理，是指激发员工的工作动机，也就是用各种有效的方法去调动员工的积极性和创造性，使员工努力完成组织的任务，实现组织的目标。激励管理是激励理论在管理中的运用，包含了多种多样的激励内容和激励形式，既有正面的激励，也有反面的激励。旨在提高员工的工作效率，激发潜能。美国管理学家贝雷尔森（Berelson）和斯坦尼尔（Steiner）给激励下了如下定义："一切内心要争取的条件、希望、愿望、动力都构成了对人的激励。它是人类活动的一种内心状态。"由此可见，

人的一切行动都是由某种动机引起的，动机是一种精神状态，它对人的行动起着激发、推动、加强的作用。

约束管理就是以制度约束为主，其他约束手段为辅的一整套管理模式，既包括凭借制度约束、纪律监督，直至惩处、强迫等手段进行的刚性管理，也包括依靠激励、感召、启发、诱导等方法进行的柔性管理。约束方式，主要包括企业内部约束、市场约束、法律约束、银行约束，等等。

目前，人们常常议论的管理模式从性质上可分为两种，一种是军事化管理，另一种是人性化管理。军事化管理是一种简单、高效的管理模式，这种管理模式注重执行力，缺点是过于生硬，对于处理复杂的管理问题显然有些力不从心。人性化管理是以人为本的管理模式，这种模式是一种在人的整体素质都达到一个较高的水平之后才能够执行的管理模式。

激励与约束有着不同的功能，两者又是相辅相成的，缺一不可。但首先应该是激励，没有激励就没有人的积极性，没有积极性，一切管理就无从谈起。同时，每个人要对自己的行为后果负责任。也就是说，他的行动要受到约束。在实际工作中，要具体情况具体分析，在偏重激励或者约束之间适当地做出选择。只有把两者很好地结合起来，才能调动劳动者的积极性，并与管理者利益一致，实现激励兼容。激励约束的目标，是指激励约束主体在一段时间内，对激励约束客体的行为达到某种结果的期望。激励约束目标，为激励约束主体和客体行为指明了方向。不同类型的企业在不同时期，其激励约束目标也是不同的。

“激励相容”理论。哈维茨（Hurwiez）创立的机制设计理论中“激励相容”是指：在市场经济中，每个理性经济人都会有自利的一面，其个人行为会按自利的规则行为行动；如果能有一种制度安排，使行为人追求个人利益的行为，正好与企业实现集体价值最大化的目标相吻合，这一制度安排，就是“激励相容”。由于代理人和委托人的目标函数不一致，加上存在不确定性和信息不对称，代理人的行为有可能偏离委托人的目标函数，而委托人又难以观察到这种偏离，无法进行有效监管和约束，从而会出现代理人损害委托人利益的现象，造成两种后果，即逆向选择和道德风险，这就是著名的“代理人问题”。为解决此问题，委托人需要做的是如何设计一种体制，使委托人与代理人的利益进行有效“捆绑”，以激励代理人采取最有利于委托人的行为，从而委托人利益最大化能够通过代理人的效用最大化行为来实现，即实现激励相容。

目前，一些企事业单位在激励与约束方面的突出问题是，激励与约束的不对等，表现为两个极端现象：高层管理者的激励过度与约束不足，劳动者的约束过度与激励不足，由此带来衍生的内部控制风险。

二、创新实践

1. “倒奖励”方式

兰迪·巴比特是美国联邦航空管理局第16任局长，也曾是一名资深的优秀飞行员，被外界普遍认为是一位真正“内行”的航空管理者。2009年上任后，巴比特便决定推行一项令人瞠目结舌的制度——重金奖励那些迅速上报自己在工作中犯了错误的飞行员、机械师、地面指挥等航空从业者，并且还免除本将对他们实施的处罚（致使坠机和蓄意叛逃者除外），每次奖励的金额从200美元至1000美元不等。犯了错，不仅不罚，而且还能得到金额不菲的“倒奖励”奖金，这岂不是助纣为虐，鼓励他们去犯错吗？更何况，全美有众多飞行员、机械师等航空从业者，一旦发放“错误奖金”，必将增加一大笔支出。因此，巴比特的这一决策迅速遭到了其他高层的反对。但巴比特坚持道：“通过这个‘倒奖励’制度，我希望他们能从同行或其他人的错误中有所收获和警醒，以避免同样的错误，减少事故率。而且我深信，如果不这样，一旦他们犯错，所造成的损失一定会远高于我们所付出的奖金。”最终，巴比特的这项决策获得了通过，并在全美航空领域开始执行。“只奖不罚”的“倒奖励”制度，极大地鼓舞了飞行员和机械师们“自我揭露”的勇气。他们中的很多人都开始随身携带一本名为“自我错误报告”的小册子，以便随时记录下自己所犯的错误，然后及时上报。联邦航空管理局平均每月都能收到2500多份这样的“错误报告”。为了让航空从业者们从这些错误中吸取经验教训，巴比特又令人从中挑选出一部分典型事例，编辑、印制成期刊对外发行，结果每月都有18万国内外读者自费订阅，他们大都来自世界各大航空公司、飞机制造厂商以及航空培训学校和飞行器发烧友。据联邦航空管理局统计，截至2013年年底，“倒奖励”制度支出的奖励高达6100多万美元，然而却极大地降低了美国民航飞行的事故发生率，避免了由此带来的近3亿美元的损失。

2. 人才在“流动”中成长

博世公司是德国最大的工业企业之一，从事汽车技术、工业技术和消费品及建筑技术的产业。1886 年成立至今，才出现七位 CEO，高管团队 90% 来自内部培养，离职率低于全球平均水平。该公司实行了一种特别的控制制度：一个人在同一岗位满两年，如果有良好的业绩表现与责任承担，可以提出，在集团公司范围内更换工作，全球岗位任你挑。其基本做法是：定轮岗机制、评估轮岗员工的潜力、岗前培训、配备导师指导、人力资源部帮助员工完成过渡、走向新岗位。让人才在“流动”中成长，使管理在“流动”中激活。每个人的兴趣爱好特长可以发挥到极致。当激励发挥了重大作用时，就不需要太多的约束了。

3. 人性化关怀

近年来，美国经济低迷，许多公司日益觉得财力紧张，因此不可能再像过去那样“慷慨”地用金钱来刺激员工了。正如人们所相信的，当对员工的激励难以通过更高的薪酬来达到的时候，还可以尝试其他的办法。美国国家保险专员协会提出了一套低成本激励方案来保留员工。其核心内容是：父母可以有至多 6 个月的时间带婴儿来上班。年轻父母得到了激励员工流动率因此降低了。富有创意的员工激励，人性化管理，使金钱的刺激效应，相形见绌。

4. 自我约束的信用管理

2017 年 8 月，浙江义乌出台《义乌市个人信用管理办法（试行）》（以下简称《办法》），首次明确了个人良好信息和不良信息的标准，实现人人都有信用分。

《办法》首次明确了个人良好信息和不良信息的标准，对个人信用实行评分制管理，分为信用极好、信用优秀、信用良好、轻微失信、信用较差、信用极差 6 个档次。其中，个人良好信息是指经过信用信息提供者认定，对判断个人信用状况起正面积极作用的信用信息。主要包括荣誉信息、社会公德、职业道德、家庭美德、个人品德、法律法规六大类。对于信用优秀的个人，今后可享受诸多便利。比如，在使用交通、泊车位等公共收费服务时，可享受一定的优惠；在租借图书、自行车等公共设施时，可免押金信用租借；在医院诊疗、车辆年检等方面，可享受绿色通道服务；在教育、就业、住房、养老、医保、金融信贷、社会救助等公共事业领域，可优先安排。不良行为，也就是失信行为。根据《办法》规定，失信行为包括了个人行为的方方面面。手机欠费，水电气费、物业费、停车费、信用卡、税款税费逾期未缴纳，法院民事判决未履行，考试作弊、学历造假、论文抄袭等，网络诈骗、造谣传谣、侵害他人隐私等，驾驶证买卖、考驾照作弊等，违反公共场所控烟规定，交通违法行为……都将在信用平台上进行呈现。

值得注意的是，个人的信用分将与企业的信用等级实现无缝对接，《义乌市社会法人守信激励与失信惩戒管理办法》中定义的信用等级为E级的企业，其法定代表人、主要负责人和直接责任人都将扣除一定分值的个人信用分。比如，“三证合一”后新办企业虚假注册、虚开发票等企业失信行为屡见不鲜，企业的这一失信行为将溯源到个人，并对其个人信用分进行扣分。个人信用分与企业信用等级相关联后，能有效推动社会治理，在塑造城市信用品格上做出最具代表意义的示范。

义乌的个人信用管理办法，非常巧妙地运用了“激励相容”理论，把社会、企业与个人的价值观融为一体，把对人的激励与约束，非常巧妙地对接起来，有效地激发了每一个人的潜力与正能量，使每一个人自动进行了自我约束，制约了人性的弱点与负能量。正确认知人的不同层次需求，并且在激励与需求之间，找到了一个连接点——个人信用记录。激励，使用信用记录；约束，也使用信用记录。

三、学习贯彻党的十九大报告

党的十九大报告指出：“坚持严管和厚爱结合、激励和约束并重，完善干部考核评价机制，建立激励机制和容错纠错机制，旗帜鲜明为那些敢于担当、踏实做事、不谋私利的干部撑腰鼓劲。各级党组织要关心爱护基层干部，主动为他们排忧解难。”报告的论述为今后工作中如何实施干部管理指明了方向。《关于新形势下党内政治生活的若干准则》提出：“干部是党的宝贵财富，必须既严格教育、严格管理、严格监督，又在政治上、思想上、工作上、生活上真诚关爱，鼓励干部干事创业、大胆作为。”这就是说，对干部既要监督约束，也要鼓励激励。重视鼓励激励，有助于激发广大干部干事创业的积极性、主动性和创造性，有效破解“为官不为”问题。任何事业的发展都是人在起主导作用。人的积极性、主动性、创造性发挥得如何，直接影响事业的成败。而人是具体的，都有自己正当的利益需求和精神追求。如果缺乏有效激励，人们的利益需求和精神追求得不到满足，其积极性、主动性、创造性就很难得到有效发挥。

虽然说干部应比群众有更高的觉悟，但他们也有正当的利益需求和精神追求。忽视对干部的激励，很容易造成“不作为”，最终损害党的事业发展。当前，我国正处在实现“两个一百年”奋斗目标的关键时期，特别需要广大干部奋发有为。因此，在对少数干部违法违纪、贪污腐败、不作为、乱作为现象进行严格监督、约束、问责和惩治的同时，还要加大对广大干部的激励力度，使他们迸发出干事创业的热情、贡献出成就事业的智慧。

第二章　企业单位内部控制新体系

第一节　企业内部控制目标

一、内部控制的目标内容与主体

为了加强和规范企业内部控制，提高企业经营管理水平和风险防范能力，促进企业可持续发展，维护社会主义市场经济秩序和社会公众利益，根据国家有关法律法规，财政部会同证监会、审计署、银监会、保监会制定了《企业内部控制基本规范》。该规范所称内部控制，是由企业董事会、监事会、经理层和全体员工实施的、旨在实现控制目标的过程。内部控制的目标是合理保证企业经营管理合法合规、资产安全、财务报告及相关信息真实完整，提高经营效率和效果，促进企业实现发展战略。这里的内部控制目标，只是目标内容，并没有明确内部控制为谁服务问题，即内部控制的目标主体是谁。

一般而言，内部控制的目标内容有以下几个方面：(1) 促进企业实现发展战略；(2) 提高企业经营的效率和效果；(3) 财务会计报告及管理信息的真实可靠；(4) 资产的安全完整；(5) 遵循国家法律法规和有关监管要求。

内部控制的目标研究，除了要研究目标内容以外，还有一个重要研究方面：内部控制目标主体，即内部控制是为谁服务的？内部控制不是为控制而控制，总有一个为谁服务的根本问题。内部控制是为股东服务，还是为债权人服务？是为政府服务，还是为员工服务？是为供应商服务，还是为顾客服务？不同的服务主体，内部控制的措施、方法与体系就不一样。当然，现代企业是日益复杂的经济关系的载体，是各种要素投入者为了各自的目的而联合起来的具有法人地位的契约集合体。既然企业是一个契约体，是各种生产要素所有者之间以及他们和顾客之间的一系列契约的集合，那么，内部控制究竟是为谁服务呢？当然，在股东、债权人、政府、员工、供应商、顾客之间，不可能是单一的选择，各个目标主体都要照顾到。因此，内部控制就有一个以哪个目标主体为主的问题。上市公司的内部控制目标主体非常明确，就是要满足股东的利益。当股东利益与顾客利益相矛盾时，上市公司为了满足股东利益，在内部控制设计与执行方面，可能就会偏向股东利益进而损害顾客利益。而非上市公司，就可以全心全意以顾客为中心，设计内部控制制度与内部控制体系。另外，由于股权结构的不同导致的内部控制也大相径庭。老干妈股权结构非常简单，陶华碧为公司董事长，两个儿子李妙行和李贵山，分别持有公司51%和49%的股份，一个负责生产，另一个负责市场。这也保证了陶华碧对公司的控制和经营决策上的灵活。陶华碧常说的话是，公司需要“做专做精”。老干妈没有库存，没有应收账款和应付账款，只有趴在账上的十几亿元现金。这样的企业内部控制与一般企业的内部控制完全不同。任正非说起，华为需要技术投入、战略投入以及新市场投入，这些投入构成了华为的总目标，但这些投入本身短期可能不会创造价值。更主要的是，任正非认为，通过资本市场带来更容易更多的资金，这比做实业来得快，担心华为人有钱了，怕苦了，离垮掉也就不远了。华为不上市，但有一流的薪酬和职工持股机制，华为把一部分利润留在了员工身上，而不是外界伺机而动的机构资本，这也是具有华为特色的内部控制环境，体现了领导者的风格与价值观，内部控制为员工服务的导向非常明显。

二、以消费者为主体的内部控制目标

以下两个企业的经典做法，充分体现了以消费者为主体的控制目标。

在百度上键入“老头儿”三字，跳出的下拉菜单首位就是“老头儿油爆虾”，其知名度直逼杭州另一网红餐饮“片儿川”。“老头儿”是个人，叫朱荣富，油爆虾是菜名。老头儿20岁时曾在杭州“天外天”餐馆学过艺。有朋自远方到杭州，请吃“老头儿油爆虾”，人均消费一般不会超过五六十元，却没人会笑你小气，因为那是杭州的“网红餐饮”。饭店里烧的只是家常菜，名气这么大、发展这么快的秘诀是他的店规特别“拽”（杭州话念“掼”guai，第四声），意思是对任何人都爱答不理的样子，我行我素。

一“拽”是：未开分店前，总店限量接待客人。俗话说，开饭店的不怕大肚汉，肯定是客人越多越高兴。老头儿却规定每顿最多接待50位顾客，来迟了就请你明天早点儿来。此举表面上看，貌似如今某些企业实施的饥饿营销策略，但老头儿说，这是为了保证饭菜质量。曾有慕名前来就餐的食客想加塞儿，照样尝了闭门羹。据说，老头儿的一个侄子午饭时分路过“老头儿”想蹭饭，老头儿很干脆：“中午客满，晚饭趁早。”二“拽”是：食客点菜受限制。“老头儿”总店没有菜单，熟客的菜，由老头儿根据就餐的人数配置油爆虾、白斩鸡、炸带鱼、三鲜粉丝汤等杭帮菜。如果你想多点几个菜，老头儿就会不高兴：“你是不是钱太多了？这些菜足够你吃了。你多点了浪费，我后面的客人吃什么?”三“拽”是：他经常要劝酒，不是劝你喝，而是劝你少喝些。以前，酒驾尚未入刑时，如果你是自己开车来的，他肯定不会卖酒给你；如果你自带酒水，就会被拒之门外。此举不但未影响生意，反而成为食客们的口碑之一。四“拽”是：店里只卖炸带鱼，再也没有其他以鱼为食材的菜肴。老头儿说：“店里地方小，没法养鱼。”

杭州“老头儿油爆虾”餐馆，非常有特色，限制客流，限制饮酒，限制点菜，甚至不认亲属，不开后门，总量控制，保证顾客就餐质量与环境。这一内部控制方法，与一般餐馆的内部控制方法正好相反，体现了以顾客为主体的内部控制思想。

方太集团创建于1996年，20余年来，方太始终专注于厨电领域，坚持“专业、负责”的战略性定位，向着成为一家伟大的企业的愿景迈进。方太公司不断致力于为追求高品质生活的人们，提供设计和制造卓越品质的嵌入式厨电、集成厨房产品，提供高品质的厨房产品。方太公司用不断创新的产品与技术，诠释着极致追求，用感同身受与细致入微的用心态度，表达对家人的关注与爱。提供家用产品，倡导有品位的生活方式，让千万家庭更加幸福。

方太的使命是“让家的感觉更好”。方太的愿景是“成为一家伟大的企业”。伟大的企业不仅仅要满足并创造顾客的需求，同时还要积极承担社会责任，导人向善。创造需求靠的是创新，社会责任靠的是良知。方太的核心价值观是“人品、企品、产品，三品合一”。方太也要求员工成为德才兼备的有用之才，与企业共同成长，这三者相辅相成，缺一不可。在“三品”中，“人品”放在首位，而“人品”又包括传统美德（仁、义、礼、智、信）、职业道德、方太精神和职业能力四个方面。

多年来，我们和方太公司审计部建立了良好的合作关系，多次到方太公司参观学习，调研学习交流，感触颇深。方太作为一家以使命、愿景和核心价值观驱动的公司，所有的内部控制工作都紧紧围绕着使命、愿景和核心价值观而展开，其基本逻辑是：“人品”—“企品”—“产品”。方太人，每天的内部控制是从自律开始的，人人每天坚持学习《论语》，讨论《论语》，运用《论语》，继承发扬中国“仁义礼智信”的传统美德。方太公司以顾客为主体的内部控制导向，专注于高品质厨房产品的研发、制造与控制。方太，把企业内部控制与家庭内部控制完美统一在一个价值观里，既塑造了“产品”，更塑造了“人品”；既让顾客的“家”感觉好，也让员工的“家”感觉好，实现了方太“让家的感觉更好”的理念。

第二节　企业文化建设

一、概念解析

企业文化是一个企业在生产经营实践中逐步形成的，为全体员工所认同并遵守的，带有本组织特点的使命、愿景、价值观和精神，以及这些理念在生产经营实践的管理制度。企业文化是企业的灵魂，是推动企业发展的不竭动力。它包含着非常丰富的内容，其核心是价值观与企业精神。它与文教、科研、军事等组织的文化性质是不同的。企业的核心价值观，是指明确的做事原则，也就是企业对待员工、对待客户、对待工作的准则。其中包含企业规定的员工价值趋向和做事情的行为态度等内容。企业精神是企业之魂，是企业在长期的生产经营实践中自觉形成的，经过全体职工认同与信守的理想目标、价值追求、意志品质和行动准则，是企业经营思想、经营作风与精神风貌的集中体现。企业精神一旦形成，就会产生巨大的无形力量，对企业成员的思想和行为起到潜移默化的作用。企业文化具有激励功能、凝聚功能、导向功能、约束功能。

企业文化建设是指企业文化相关的理念的形成、塑造、传播等过程。建设企业文化，实际上就是要重新审视企业所遵循的价值观体系，根据长远发展战略，重新建立起一套可以共享传承，促进并保持企业正常运作以及长足发展的价值理念、思维方式和行为准则。建设方法可以是网站建设；权威宣讲；企业创业发展陈列史；领导人的榜样；晨会、夕会、总结会；思想小结；先进典型人物宣传；企业文化标语与口号；各种文体活动；企业报刊；企业文化培训等方面。

企业文化建设的内容主要包括物质层、行为层、制度层和精神层四个层次的文化。物质文化是产品和各种物质设施等构成的器物文化，是一种以物质形态加以表现的表层文化。企业生产的产品和提供的服务是企业生产经营的成果，是物质文化的首要内容；其次企业的生产环境、企业容貌、企业建筑、企业广告、产品包装与设计等也是构成企业物质文化的重要内容。行为文化是指员工在生产经营及学习娱乐活动中产生的活动文化。指企业经营、教育宣传、人际关系活动、文娱体育活动中产生的文化现象。包括企业行为的规范、企业人际关系的规范和公共关系的规范。企业行为包括企业与企业之间、企业与顾客之间、企业与政府之间、企业与社会之间的行为。企业制度文化是企业为实现自身目标，对员工的行为有着一定限制的文化，它具有共性和强有力的行为规范的要求，它规范着企业的每一个人。企业工艺操作流程、厂纪厂规、经济责任制、考核奖惩等都是企业制度文化的内容。精神文化是指企业生产经营过程中，受一定的社会文化背景、意识形态影响而长期形成的一种精神成果和文化观念。包括企业精神、企业经营哲学、企业道德、企业价值观念、企业风貌等内容，是企业意识形态的总和。四个层次之间的关系，如图 2－1 所示：

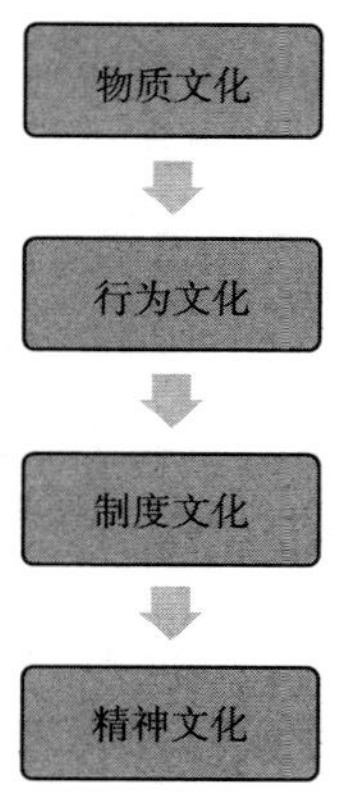

图 2－1　企业文化建设的四个层次

企业内部控制制度是在生产经营实践活动中所形成的，对人的行为带有强制性，并能保障一定权利的各种规定。从企业文化的层次结构看，企业内部控制制度属中间层次，它是精神文化的表现形式，是物质文化实现的保证，是行为文化的具体体现。企业制度作为职工行为规范的模式，使个人的活动得以合理进行，内外人际关系得以协调，员工的共同利益受到保护，从而使企业有序地组织起来，为实现企业目标而努力。

二、优秀企业文化案例

1. 浙江苏泊尔企业文化

浙江苏泊尔是知名的综合性大众家居用品品牌，1998 年成立，2004 年在深交所上市（股票代码 002032），是中国炊具行业首家上市公司。多年来，苏泊尔始终坚持初心，用“品质”赢得信赖，用“创新”满足期待，通过源源不断的智巧产品，成为老百姓最为信赖的伙伴。今天的苏泊尔，已走出厨房，成为涵盖明火炊具、厨房小家居电器、厨卫大家电、厨房工具、水杯等领域的综合性家居品牌。同时，苏泊尔在中国市场通过运营 WMF、拉歌蒂尼、KRUPS 等品牌，涉足高端市场。十多年来，持续实施“苏泊尔小学”公益项目，支持中国偏远山区乡村教育改善。目前已在青海、湖北、云南、四川、贵州、江西、湖南、广西、河南、陕西、甘肃、河北 12 省区偏远山区签约捐建 26 所苏泊尔小学，累计投入 3000 多万元，让 20000 余名偏远山区儿童享有更好的学校。在为山区小学新建校舍，配备图书室、食堂、文体器材等设施的同时，苏泊尔持续开展苏泊尔小学乡村教师培训、优秀教师奖励和派遣支教志愿者等行动，并积极为乡村学校引入在线艺术课程，综合提升各苏泊尔小学办学能力，苏泊尔员工、经销商伙伴等也积极参与关爱山区儿童的一系列活动。

苏泊尔公司的《基本法》，全面彰显了公司以人为本、客户导向与高效执行“三位一体”的内部控制制度体系。苏泊尔的企业使命是“让每一天的生活更轻松”。苏泊尔的企业精神是“需要压力，不怕压力，战胜压力”。这是原中央顾问委员会委员、著名经济学家于光远为苏泊尔的题词。苏泊尔，起家于压力锅，从某种意义上讲，是压力锅成就了苏泊尔。压力就是动力，所以需要压力，有了压力，才会主动超越；有了压力，更要有不惧压力，打败压力的信念、勇气和能力；只有真正的战胜了压力，才能实现自我的超越，成就一心向往的卓越。苏泊尔的核心价值观：一是为消费者。以创新的差异化产品、卓越的制造品质和服务品质来满足和引导消费者需求；致力于超越顾客期望，为顾客创造价值，使人类厨房生活更加便捷和充满快乐。二是为员工。公司为员工提供发展的空间和展示的舞台，引导、鼓励、支持员工成长，帮助员工实现自我价值，提升员工满意度。他们认为，勤奋、智慧的员工是公司最宝贵的财富，是公司持续发展的根本。三是为合作伙伴。拥有共同价值取向和经营理念是公司寻求战略合作伙伴的前提，“互利双赢，共同发展”是合作原则。四是为股东。公司通过可持续的稳健发展，实现永续经营，保证股东长远收益和回报。五是为社会贡献。苏泊尔公司遵循社会价值取向，坚持较高的经营道德水准，追求企业长远利益，以卓越品质和产品创新缔造美好生活，回馈社会，引领产业发展，推动文明进步。苏泊尔的用人原则：首先，公司利益第一，根据实际需要，在符合公司利益的基础上考虑人员任用；其次，人员任用要尊重个人意愿，即个人在主观上有意愿担任该岗位职务；再次，考虑人员的个人能力，做到能岗匹配，人尽其才。最后，不符合公司价值观的人不任用，不努力的人不任用，没有再学习能力和沟通能力的人不能任用。

此外，苏泊尔公司的《基本法》，在组织管理、人力资源管理、品牌管理、产品创新与产品开发、技术研发、营销管理、质量管理、生产管理、采购管理、流程控制、财务管理、成本控制等方面，全方位全覆盖制定了详细的内部控制原则与控制措施。另外，苏泊尔公司的《员工职业道德守则》，在尊重消费者、劳动条件、健康与安全、公平与多元、社交对话、培训能力与开发、延伸至供应商的责任、社会承诺、关注环境、诚信沟通、信息保密、公司资产使用、利益冲突、打击贪污、尊重竞争对手欺诈与洗钱、知情泄密等方面，建立了全面系统的职业道德守则，作为全体员工的行为准则，为实现公司的可持续发展奠定了政策基础。

2. 吉林敖东企业文化

吉林敖东药业集团股份有限公司（股份代码：000623）的前身是1957年成立的国营延边敦化鹿场，于1981年建立延边敖东制药厂，1993年3月经吉林省体改委批准改制为吉林敖东药业集团股份有限公司，1996年10月28日在深交所挂牌上市。目前该公司所属行业为医药制造业，主要从事中成药、生物化学药研发、制造和销售，同时积极布局保健食品、养殖种植领域，逐步发展为以医药产业为基础，以“产业+金融”双轮驱动模式快速发展的控股型集团上市公司。

吉林敖东的企业文化，经过60余年的传承，根深叶茂，厚德载物。吉林敖东创业之初，秉承中国中药“济世救人”的传统，提出了“制药酿德”的企业价值观，以“以人为本，以德为先，善待生命，关注健康”为制药原则，以“世人健康，敖东的职责”为企业理念，充分体现了吉林敖东的人本主义思想，推动了中国中药现代化的进程。吉林敖东发展到今天，形成了企业使命、核心价值观、企业精神“三位一体”的企业文化。企业使命是“为社会提供安全可靠放心药”；核心价值观为“专注于人，专精于药”；企业精神是“人为本、德为先、质为上、诚致远”。

吉林敖东的每一位员工，都有一本《员工手册》，或随身携带，或放置于桌前，时时学习，对照检查，自觉自律，遵照执行。《员工手册》是针对人力资源的管理规定，包括员工聘用、员工调配、员工行为规范、员工培训、请假休假管理规定、出入厂区及办公大楼管理规定、考勤、奖惩、劳动合同管理、人事档案管理、工资管理、员工待遇等。《员工手册》还制定了“职业经理人八项原则”“管理人员工作自律行为准则”“如何成为优秀员工”等标杆准则。企业相关管理制度包括：厂务公开民主管理制度、对外信息宣传管理制度、财产责任人管理制度、资金使用管理制度、安全应急救援预案、采购招标管理规定、办公用品采购发放管理规定、印信管理规定、公司车辆管理规定、ERP系统管理规定、计算机网络管理规定等。

吉林敖东非常重视信息管理在内部控制中的重要作用，特别制定了《厂务公开民主管理制度》。在公开原则、公开内容、公开程序、公开形式以及监督管理等方面，都有详细的明确要求。通过厂务公开，拓展了职工代表大会的内容和职权，真正让职工知道厂情，参与厂政，议事厂事，行使民主参与、民主管理、民主监督的权利，增强员工对公司的凝聚力和向心力。信息公开是一切内部控制的基础，没有信息公开，就没有内部控制。

在吉林敖东，职业经理人必须遵守“八项原则”，从对待事业、对待人生、对待学习、对待功名、对待诱惑、对待交往、对待亲朋、对待社会等方面，都作出了原则规定。对职业经理人，制定了基本控制原则，与时俱进，创新务实。另外还制定了“高层管理人员工作自律行为准则”“中层管理人员工作自律行为准则”“其他管理人员工作自律行为准则”，自律行为准则纳入了企业内部控制制度，这一做法填补了内部控制空白，解决了内部控制执行过程中的“最后一公里”问题。

关于激励的管理制度，该公司突出强调员工为公司带来的贡献与荣誉，关注员工自身的成长与能力提升。员工如为公司或者社会有特殊贡献，能为维护公司形象和声誉，能树立社会正气，能及时发现工作中的漏洞、故障，并能及时挽回损失，公司会给予嘉奖与记功。对于考取了注册执业药师、注册会计师、中高级会计师、中高级审计师的员工，公司每月都给予一定补贴。公司在编写《如何成为优秀员工》小册子中，列举了优秀员工的共同特质，激励大家作为共同奋斗的目标：敬业奉献，热爱工作；注重细节，追求卓越；遵守准则，执行制度；积极主动，用心做事；承认错误，不找借口；加强沟通，注重合作；服从领导，勇于担当；严守机密，公私分明。这让我想起来小的时候，我们在学校读书，老师表扬激励学生的情景。老师表扬学生，无非是两种情况，一是表扬学生给班级带来的荣誉，二是表扬学生自己的进步，这就是表扬激励的本意和初心。老师还会树立典型和评选优秀学生，让大家作为标杆，向他们看齐。吉林敖东的激励制度，不忘初心，回归原点。相反，现在有些公司的激励制度走偏了，一切向钱看，反而会造成更大的内部风险隐患。

第三节 企业内部控制制度创新

一、概念解析

创新是指改变、更新或创造一种新的东西，以获得更高的社会和经济效果的过程或行为。企业创新，就是以企业为主体，以市场为导向，为获取经济和社会效益，对企业的存在方式、经营观念、制度安排、经济行为及生产要素进行新的组合的过程或行为。

企业创新是一个系统工程，它包含观念创新、技术创新、产品创新、制度创新、管理创新、市场创新等诸多内容，其中制度创新是企业活力的基础和保证。从经济学角度看，为了保证企业经营活动的顺利进行，使企业生产经营过程的各个环节之间保持密切的协作关系，就需要遵循一定规则，有一定的行动规范和办事规程，这就构成了企业运行发展中的具体制度。因此，所谓企业制度是指在一定的经济条件下，企业在运行和发展过程中，有关企业性质、地位、权力、责任及相互关系的规定、规范、准则的总和。企业就是一个将各种生产要素按一定制度而组合起来的经营主体。由此可见，企业制度对于企业来说，是极其重要的。

现代企业制度创新是为了实现管理目的，将企业的生产方式、经营方式、分配方式、经营观念等规范化设计与安排的创新活动。制度创新是把思维创新、技术创新和组织创新活动制度化、规范化，同时又具有引导思维创新、技术创新和组织创新的功效。企业制度创新的目的是建立一种更优的制度安排，调整企业中所有者、经营者、劳动者的权力和利益关系，使企业具有更高的活动效率。它是管理创新的最高层次，是管理创新实现的根本保证。产权结构、治理模式、经营模式与管理模式，是影响内控制度的四个重要因素，它们之间的关系如图2－2所示：

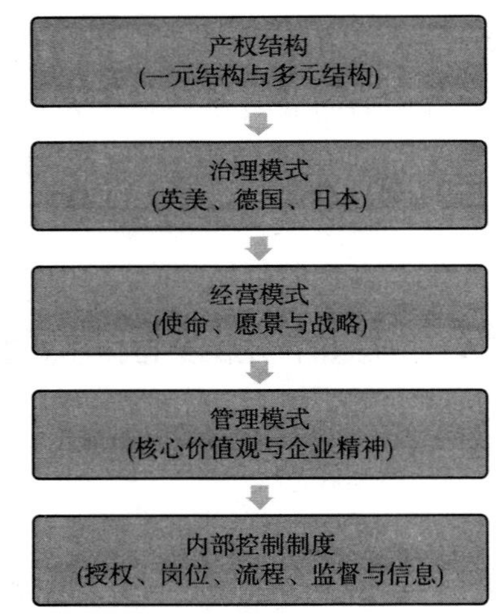

图2－2　影响内控制度的四个重要因素之间的关系

产权结构，现在国际上基本分为两大类，一种是一元化产权结构，也叫股权高度集中型，即企业的投资主体只有一个，是一元化的，大股东处于相对控股甚至绝对控股地位。另一种是多元化产权结构，是指投资主体的多元化，即出资人的多元化。多元化又分为股权相对集中型和股权高度分散型。股权相对集中型一般由少数法人组织集中持股，法人之间相互持股现象普遍；股权高度分散型依托发达的资本市场，股权几乎都是由机构投资者或个人投资者持有。无论怎样的产权结构，都要形成一定的产权制度。产权制度，是人类社会经济长期发展的结果，它不仅仅是一个法律上的概念，更是一个经济学的概念，是以所有权为核心的一组权力，包括占有权、使用权、收益权、支配权等。现代产权制度是权责利高度统一的制度，其基本特征是归属清晰、权责明确、保护严格、流转顺畅。产权主体归属明确和产权收益归属明确，是现代产权制度的基础；权责明确与保护严格，是现代产权制度基本要求；流转顺畅、财产权利和利益对称是现代产权制度健全的重要标志。

全球治理委员会于1995年对治理的界定：治理是或公或私的个人和机构经营管理相同事务的诸多方式的总和。它是使相互冲突或不同的利益得以调和并且采取联合行动的持续的过程。它包括有权迫使人们服从的正式机构和规章制度，以及种种非正式安排。而凡此种种均由人民和机构或者同意、或者认为符合他们的利益而授予其权力。它有四个特征：①治理不是一套规则条例，也不是一种活动，而是一个过程；②治理的建立不以支配为基础，而以调和为基础；③治理同时涉及公、私部门；④治理并不意味着一种正式制度，而确实有赖于持续的相互作用。

公司治理模式有英美的以董事会为中心的治理模式，德国的二元制治理模式，以及日本的内部治理结构模式。英美企业中，由于股权比较分散，公司的最高权力机构是股东会，也是股东的代言人。同时，英美公司在董事会下设置了一系列专业委员会，包括战略委员会、审计委员会、报酬委员会、提名委员会、公司治理委员会，等等。董事会通过集体决策确保公司经营方向的正确性，而各专业委员会则在董事会的领导下，发挥对董事会的监督职能。德国公司的董事会属于典型的二元结构，即董事会的决策控制权分由监督董事会和管理董事会行使。监事会由股东代表和职工代表组成，其职责是行使监督权，监督管理董事会是否按公司章程经营，任命和解聘董事。德国的董事会和监事会完全分离，董事会的成员由监事会选任和罢免。德国公司治理机制有别于英美国家的重要特征是员工参与决策。德国法律规定，职工为500人以上的公司，监事会成员中职工代表的数量不少于总人数的1/3；员工为2000人以上的公司，监事会成员中职工代表的数量不少于总人数的1/2。日本的公司治理模式，监事会和董事会是两个平行机构，股东会是公司中的最高权力机构。监事会和董事会的人员由股东会选举产生。日本商法典规定，监事代表股东监督董事的工作，监事会的成员不能同时担任董事会的成员，也不能是公司员工。因此，日本公司中的监事会代表股东利益对公司经营活动进行监督。

经营模式，是企业根据经营宗旨，为实现企业确认的价值定位所采取某一类方式方法的总称。其中包括企业为实现价值定位所规定的业务范围，企业在产业链的位置，以及在这样的定位下实现价值的方式和方法。根据经营模式的定义，企业首先有企业的价值定位，体现在企业的使命、愿景与战略。在现有的技术条件下，企业实现价值是通过直接交换，还是通过间接交易；是直接面对消费者，还是间接面对消费者？处在产业链中的不同的位置，实现价值的方式也不同。经营模式的内涵包含三个方面的内容：一是确定企业实现什么样的价值，也就是在产业链中的位置；二是企业的业务范围；三是企业如何来实现价值，采取什么样的手段。根据业务范围我们可以划分两类经营模式：单一化经营模式和多元化经营模式。根据对产业链位置的不同选择，可以得出八种不同的经营思想和模式：销售型、生产（代工）（纺锤形）型、设计型、销售+设计（哑铃型）型、生产+销售型、设计+生产型、设计+生产+销售（全方位）型和信息服务型。由于实现价值的方式是借助于战略来实现，因此经营模式又可以分为：成本领先、差别化、目标集聚三种。

管理模式，是在管理人性假设的基础上设计出的一整套具体的管理理念、管理内容、管理工具、管理程序、管理制度和管理方法论体系并将其反复运用于企业，使企业在运行过程中自觉加以遵守的管理规则。管理的中心任务就是对人的管理，管理模式是从结构上来讲，是管理方法思路性的、框架性的高度概括，可以用公式表述为：管理模式=管理理念+系统结构+操作方法。企业核心价值观、企业精神、企业作风是管理模式的高度体现。

经营含有筹划、谋划、计划、规划等含义。经营包含了战略、研发、生产、市场、人力五个方面，相互匹配，融为一体。经营，侧重指动态性谋划发展，而管理侧重指使其正常合理地运转。经营是龙头，管理是基础，管理必须为经营服务。企业要做大做强，必须首先关注经营，研究市场和客户，并为目标客户提供有针对性的产品和服务，然后基础管理必须跟上。只有管理跟上了，经营才可能继续往前进，经营前进后，又会对管理水平提出更高的要求。经营是对外的，追求从企业外部获取资源和建立影响；管理是对内的，强调对内部资源的整合和建立秩序。经营追求的是效益，要开源，要赚钱；管理追求的是效率，要节流，要控制成本。经营是扩张性的，要积极进取，抓住机会，胆子要大；管理是收敛性的，要谨慎稳妥，要评估和控制风险。所以，企业发展的规律就是：经营—管理—经营—管理，交替前进，就像人的左脚与右脚。如果撇开管理光抓经营是行不通的，管理扯后腿，经营就前进不了。相反的，撇开经营，光抓管理，就会原地踏步甚至倒退，如表 2－1 所示：

表 2－1　　经营与管理的比较

比较	经营	管理
本质	选择正确的事情	正确地做事
目的	整合外部资源，建立社会影响	整合内部资源，建立内部秩序
对象	顾客与外部市场	员工与内部机制
表现	赚多少钱（越多越好）	花多少钱（越少越好）
风险	风险管理	管理风险
风格	领导者个人偏好	团队智慧
出发点	关注未来	关注现在
过程	创造需求	完善制度
结果	做大市场	做强企业

产权结构、治理模式、经营模式、管理模式与内部控制制度，是企业管理中不同层次内容，这五者之间存在着相互渗透、相互制约、依次递进、有机联系的关系。一般来说，一定的产权结构决定了相应的治理模式，不同的治理模式产生不同的经营模式，而不同的经营模式又决定了不同的管理模式，进而导致不同的内部控制制度。即使在产权结构与治理模式不变的情况下，企业具体的经营模式也是可以不断地进行调整；同时，在经营模式不变的情况下时，管理模式与内控制度也是可以不断地进行改进。

企业内部控制制度的创新，不是为创新而创新，而是要根据产权结构的变化而创新，根据经营与管理模式的变化而创新，根据技术的进步而创新，根据市场的变化而创新，根据时代的变化而创新。

二、内部控制制度创新实践研究

（一）江苏华西村内控创新研究

华西村位于江苏省江阴市华士镇，华西村获得了“全国文明村镇”“全国文化典范村示范点”“全国乡镇企业思想政治工作先进单位”“全国乡镇企业先进企业”等荣誉称号，被誉为“天下第一村”。华西村村民住宅是一色马赛克装饰的多层别墅楼，每个家庭都拥有三间三层别墅楼，水电气俱全，内有客厅、卧室、餐室、浴室、车库、庭院。制度、机制和与时俱进的创新，使华西村长盛不衰。作者作为民建会员，曾经有幸跟随民主党派学习交流团，参观学习了华西村，以下是所见所闻，所思所想。

1. 关于文化建设

爱党、爱国、爱华西，爱亲、爱友、爱自己。这是华西村的“六爱”文化。共同富裕，是华西村的基本理念。老书记吴仁宝常说：“共同富、长久富；既没有亿万富翁，也没有两手空空”“家有黄金数吨，一天也只能吃三顿，豪华房子独占鳌头，一人也只占一个床位”“有福民先享，有难官先当”“一人富了不算富，大家富了才算富”“贫穷不是社会主义，只有少数人富也不是社会主义，一村富了不算富，先富必须带后富”。吴仁宝坚持“三不原则”：不拿全村最高工资、不拿全村最高奖金、不住全村最好房子。领导的表率引领作用，奠定了华西村的文化基础。华西村地处华东，数百年来，锡剧、沪剧、评弹、黄梅戏在华西甚为流行。华西村艺术团利用这些传统曲艺形式改编创作了《华西的桥》《唱华西》等曲目，歌唱华西的好人好事，赞美艰苦奋斗带来的巨大变化，增添了华西人建设家乡的自豪感和自信心。此外，华西村还设立了立夏“诚信节”、立秋“旅游节”、立冬“孔孟节”，修建“二十四孝”亭，以及先哲与伟人的雕塑像。每周开村民大会，每季开党员大会，书场、剧场、溜冰场等各种文化娱乐设施一应俱全。

2. 经营管理制度

华西村党委走出了一条独特的经营管理之路。他们在处理积累与分配的问题上一直坚持这样一个原则：少分配、多积累，少拿现金、多入股，凡村办企业的工人，每人每月只领取30%的工资，其余的70%存在企业作为流动资金，到年底一次性兑现。奖金通常是工资的三倍，但并不发给职工，而是作为股金投入企业，第二年开始，按股分红。对承包企业的超利润部分，实行“二八”分成，两成上交村里，八成归企业分配。留给企业的部分，10%奖给厂长，30%奖给管理人员，30%奖给职工，30%作为企业积累。承包者个人所得的奖金以入股形式留在企业，作为风险抵押金。华西村的所有企业，都隶属于江苏华西集团公司，该公司大约90%的股份是集体股。华西村的集体股股权制度，形成了按劳分配与按资分配的有机结合。

3. “一分五统”机制

华西村从2001年起，吴仁宝和华西人创造性地提出了“一分五统”，“一分”就是村与企业要分开。把新合并的16个村规划成12个村，合并后的原村委会还是由本村村民自治选举。周边的16个村一起组成了大华西村，面积由原来的0.96平方千米扩大到30平方千米，人口由原来的2000多人增加到5万多人。“五统”：一是经济由华西统一管理，二是劳动力在同一条件下，统一安排，三是福利由华西统一发放，四是村庄由华西统一规划建设，五是华西村党委统一领导。管理形式多样，坚持华西特色，从实际出发，宜统则统，宜分则分，宜合作的就合作。华西人说，不怕公有与私有，就怕公也没有，私也没有。要实现公、私都“富有”。华西的机制，比国有经济活，比个私经济强。内部管理机制的创新，有效地促进了企业发展。

4. 信息沟通制度

“不怕群众不听话，就怕干部不听群众话；不怕群众不听话，就怕干部说错话。”华西村的干部，坚持有事同群众商量，群众盼望的，马上就办，而且一定要办好；群众暂时不理解的，加强沟通引导，等群众思想觉悟了再去办。个别人做错了事，也交给群众讨论，由群众来评议。华西村的干部，一是坚持勤奋学习，二是倾听群众呼声。“老百姓是最讲良心的，干部为他们做了好事，他们会记住。干部亏待了他们，他们也记住。他们记住的不是你个人，而是共产党，党员干部的一言一行都同党的威望紧密相连。”党务、村务、厂务实行公开制度。凡举报华西村党员干部、厂长、经理有赌博行为，一经查实，奖励举报人一万元。加强审计监督。成立了由村党委委员挂帅的审计组，不定期对企业、村干部和财务人员进行审计，重视对审计结果的运用，将审计结果在内部公开，做到“管财而不贪财，管钱而不占钱”。

5. 人力资源政策华西致富一靠经济，二靠人才

“量才录用，育才待用，外才我用，以才生财。”举贤不避亲。用人少疑，疑人少用；小材大用，基本有用；大材小用，基本没用；外才我用，关键在用。要做华西的干部，就要看你为集体创造了多少财富。坚持一视同仁，不分内外，只要有真才实学，在华西就会有用武之地。华西村自建村以来，还对主办会计的任用定下“回避”制度，明确党员领导干部的家人不得担任该职务。工资实行“三不低”：不低于全民、不低于同行、不低于周边企业。

概括分析华西村，管理制度是基础，以人为本是关键。以人为本，包括：领路人的核心作用，党组织的战斗堡垒作用，党员干部的带头作用，人力资源开发的重要作用。用吴仁宝最通俗的一句话概括就是“醒得快、起得早、干得稳”。

（二）四川海底捞内控创新研究

四川海底捞餐饮股份有限公司成立于1994年，是一家以经营川味火锅为主，融汇各地火锅特色于一体的大型跨省直营餐饮民营企业。2018年9月在港交所上市。公司在张勇董事长确立的服务差异化战略指导下，始终秉承“服务至上、顾客至上”的理念，以创新为核心，改变传统的标准化、单一化的服务，提倡个性化的特色服务，将用心服务作为基本经营理念，致力于为顾客提供“贴心、温心、舒心”的服务；在管理上，倡导双手改变命运的价值观，为员工创建公平公正的工作环境，实施人性化和亲情化的管理模式，提升员工价值。

1. 正确认识自己

正确认识员工的现状，90%以上为农民工。正确认识火锅行业，最没有技术含量、最没有市场准入、最不需要关系、从业人员素质最低、竞争最充分的行业。

2. 价值观

（1）命运观：左手+右手=改变命运；

（2）责任观：负责自己+负责家庭=负责公司；

（3）幸福观：员工幸福+顾客幸福=公司幸福；

（4）亲情观：员工为人+公司为家=欢乐人家。

3. 人力资源政策

（1）招聘：不怕吃苦的好人。诚实肯干、勤奋努力、尊重他人、快速准确、礼貌待客、发现顾客潜在需求、用手用脑服务、不能赌博、虚心接受意见、孝顺父母、坚信付出总有回报。具有：抗压力、抗挫力、性格脾气好、责任心、灵活与智慧。

（2）培训：培训员工在城市里的基本生活能力，怎样看地图、坐地铁、过马路、使用银行卡、用冲水马桶等。要求员工一岗多能，不断进步，不断提升自己的职业技能。

(3) 住宿：租住正规小区楼房而非地下室，并且距离上班地点很近。由40岁以上阿姨担任宿舍长，照顾年轻员工，搞卫生、整理床铺、被窝放热水袋。

(4) 旅游：每年组织优秀员工的家属旅游。

(5) 养老金：领班以上的员工父母每月收到养老金。

(6) 干部：要求领班一是带头，带头吃苦，带头执行制度；二是关心员工，关心病人，关心生活，教会员工独立生活，承担责任，不断进步；三是协调安排好工作，而不是当劳模。要求店长：自己能干、会用人、能培养人。

(7) 离职：为离职的干部准备嫁妆。做店长超过一年的离职，给8万元；小区经理给20万元；大区经理送一家火锅店。对于离职员工，都要召开离职分析会，寻找发现公司管理问题，进行改进。

(8) 家访：对优秀员工和管理干部不定期家访，听取家庭对于员工和公司的反馈意见。

4. 授权制度

灵活运用分层授权与考核制度。一线员工：授权折扣、赠送、免单等权限，进行点台率考核。店长：不考核成本与利润，但要核算，店长具有3万元的签字权；小区经理对店长巡查考核顾客满意度、员工积极性、干部培养等（即巡店制度）。大区经理：在哪里开店、何时开店、装修标准等具有充分的权限。每一类人员都有晋升的途径与通道，管理途径，从新员工到副总经理；技术晋升，从新员工到功勋员工；后勤晋升，从新员工到业务部经理。授权制度不是单一的，授权必须与相应的考核相搭配，授权与考核的背后，是合理的激励机制。

5. 红包上交制度

对于红包问题，海底捞并不忌讳，建立了红包上交制度，明确规定，采购员收礼后在24小时内必须上交，否则为贪污行为。同时还为举报人建立保密制度和奖励制度，以及与之配套的举证制度。这一做法，比现在有些公司制定简单的举报制度，更具有人性化。

6. 危机

2017年8月25日，媒体曝光，海底捞北京太阳宫店及劲松店后厨脏乱，工作人员用漏勺清理下水道、洗碗池里洗簸箕。素来以“服务好”为人称道的海底捞被曝光后引起了广泛的关注。同日，北京市食药监局针对反映的问题，立即对上述两家门店进行立案调查，并对四川海底捞餐饮股份管理有限公司位于北京地区的 1 家中央厨房和 26 家门店开展全面检查，第一时间约谈该公司北京地区负责人。2017 年 8 月 26 日下午，北京市食药监局再次约谈“海底捞”公司北京地区负责人，将本次对“海底捞”全面检查发现的问题进行通报，问题包括消毒记录不全、餐饮具混放、未戴工作帽及口罩等，要求“海底捞”总部落实食品安全主体责任，全面进行限期整改，并按照《关于海底捞火锅北京劲松店、北京太阳宫店事件处理通报》中所承诺，主动向社会公开整改情况，接受社会监督。北京市食药监局将上述检查发现问题的门店记入北京市企业信用信息平台，并在第二年度餐饮服务单位量化分级中实施减分降级。要求“海底捞”总部按照承诺对北京各门店实现后厨公开、信息化、可视化，限期一个月完成，同时北京地区负责人要主动对各门店进行随时检查。

2017 年 8 月 27 日下午 3 时，海底捞官网发布《关于积极落实整改，主动接受社会监督的声明》，表示对北京市食药监局的约谈内容全部接受；同时将媒体和社会公众指出的问题和建议，全部纳入整改措施。

仅仅一年，海底捞就走出了危机，2018 年 9 月在港交所成功上市。堪称危机管理的典范。

以下是作者在海底捞杭州某餐厅听到的一幕幕对话。不同的服务员，面对不同顾客有着不同的回答交流：

A 顾客问：“你们这么热情，为的是什么？”

D 员工：“为了您能再来海底捞。”

A 顾客又问：“我再来，同你有什么关系？”

D 员工：“海底捞生意好了，我们就好了。”（这句话，太伟大了，亲爱的读者，您有这样的境界吗？我们公司好了，我就好了。）

B 顾客抱怨：“你们这里吃顿饭真麻烦，要等这么长时间，我都上三次厕所了，还没有等到座位！”

Q 保洁员：“非常抱歉，辛苦您等座了！”

C 顾客赞美：“你们这里生意真好啊！我也上三次厕所了，还没有等到座位！”

Q 保洁员：“多谢您，都是顾客的支持。”

一个员工的说话水平，不仅体现了个人素质，也是家庭父母教育的缩影，更是一个单位内部控制与企业文化熏陶的结果。

第四节 企业内部控制制度体系建设

一、内部控制制度体系

国务院国资委《关于加强中央企业内部控制体系建设与监督工作的实施意见》（国资发监督规〔2019〕101号），强调指出：建立健全以风险管理为导向、合规管理监督为重点，严格、规范、全面、有效的内控体系。进一步树立和强化管理制度化、制度流程化、流程信息化的内控理念，通过“强监管、严问责”和加强信息化管理，严格落实各项规章制度，将风险管理和合规管理要求嵌入业务流程，促使企业依法合规开展各项经营活动，实现“强内控、防风险、促合规”的管控目标，形成全面、全员、全过程、全体系的风险防控机制，切实全面提升内控体系有效性，加快实现高质量发展。

国务院国资委关于印发《中央企业合规管理指引（试行）》的通知（国资发法规〔2018〕106号）中指出：本指引所称合规，是指中央企业及其员工的经营管理行为符合法律法规、监管规定、行业准则和企业章程、规章制度以及国际条约、规则等要求。本指引所称合规风险，是指中央企业及其员工因不合规行为，引发法律责任、受到相关处罚、造成经济或声誉损失以及其他负面影响的可能性。本指引所称合规管理，是指以有效防控合规风险为目的，以企业和员工经营管理行为为对象，开展包括制度制定、风险识别、合规审查、风险应对、责任追究、考核评价、合规培训等有组织、有计划的管理活动。中央企业应当按照以下原则加快建立健全合规管理体系：一是全面覆盖。坚持将合规要求覆盖各业务领域、各部门、各级子企业和分支机构、全体员工，贯穿决策、执行、监督全流程。二是强化责任。把加强合规管理作为企业主要负责人履行推进法治建设第一责任人职责的重要内容。建立全员合规责任制，明确管理人员和各岗位员工的合规责任并督促有效落实。三是协同联动。推动合规管理与法律风险防范、监察、审计、内控、风险管理等工作相统筹、相衔接，确保合规管理体系有效运行。四是客观独立。严格依照法律法规等规定对企业和员工行为进行客观评价和处理。合规管理牵头部门独立履行职责，不受其他部门和人员的干涉。

我们的理解，内部控制体系构建，至少包含以下五个方面，如图 2－3 所示：

1. 指导性（目标、任务、考核指标等）

2. 预防性（授权批准、职责分离、双重控制、付款前审核、招标投标）

3. 检查性（实物盘点、实地观察、编制银行存款调节表、相关单据核对、预算执行控制、成本控制）

4. 补偿性（岗位轮换、带薪休假、不定期盘点、突击检查、专项审计等）

5. 纠正性（整改、完善制度、考核与奖惩）

在现实工作中，大部分企业单位突出了预防性和检查性内部控制制度的建设，忽略了补偿性内部控制制度建设。在指导性内部控制中，强调了考核目标与考核指标任务的完成，忽略了指导性控制背后的激励目的、价值与作用。在纠正性内部控制中，强调了整改与处罚，忽略了制度的完善、健全与优化。

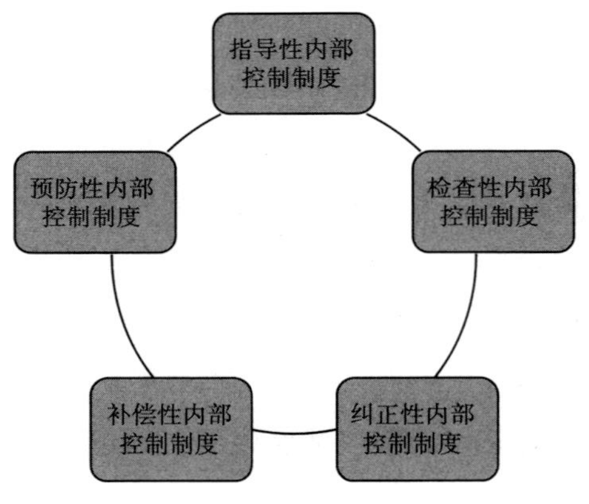

图 2－3 内部控制制度体系

二、指导性内部控制制度建设

指导性内部控制，是事前的引导与指导控制，在业务一开始就沿着既定目标实现途径进行，防范发生偏离目标的风险。目标考核方法与指标体系，就是典型的指导性控制制度。

2005 年，杭州公交集团在全国首推“斑马线礼让”制度。2007 年，杭州公交又出台《公交营运司机五条规范》，再次明确公交车行经人行横道时必须减速礼让。此后，杭州公交相继修订完善了《安全行车100题》《司机违章肇事记分待岗培训办法》《行车事故处罚规定》《营运司机“五个一点”行车操作要则》等规章制度，对“斑马线礼让行人”的规定又进行了完善。2014年，杭州公交“斑马线礼让”又推出“升级版”——无论有没有画斑马线，只要前方出现交叉路口，或是约定俗成行人经常行走的绿化带岔口，公交车都会减速观察，一旦发现行人，就主动停车让行。结合“斑马线礼让”，公交集团又为行人、车辆的安全增加了一道“保险”，推出了“321礼让行人操作法”——看到前方有路口，不管是否划有斑马线，离路口30米时，就要松油门减速，观察有没有行人、非机动车要横穿马路；离路口20米时，车速减到15千米/小时以内，脚要放到刹车踏板上，继续观察路口情况；如果发现有行人要过马路，离路口10米时，要踩刹车，停车让行。

“斑马线礼让”制度的推行，对杭州的上万名公交司机来说，是一个不断磨合的过程，历时数年，经历了教育培训、制度规范、激励考核甚至严查重管，最终把这项安全文明行车规范变成了杭州公交司机们的一种自觉行为、一个根深蒂固的习惯。公交公司对于司机的指导性内部控制措施，基本上就是考核指标。原来每个当班司机的考核标准是每天的营业收入与服务的次数，在这样一个考核指标引导下，司机当然不会考虑礼让行人问题；而当考核办法增加了礼让行人制度、不让行人的行为有了处罚措施后，礼让行人的风气就慢慢形成了。公交集团执行“斑马线礼让”的原则是——“见人必让、让必彻底”，甚至包括行人不遵守交通秩序，比如闯红灯在内的情况。这个原则也曾引发过争议，对闯红灯都要礼让，会不会助长违法风气？但最终公交集团认为，虽然车主可以行使路权，在前方绿灯的情况下驾驶，但行人有生命权，即使闯了红灯仍应礼让，因为生命权肯定大于路权。当推行一项新制度时，信息沟通与教育培训是非常重要的措施，必不可少。多年的坚持也证明了，公交车礼让行人，并不会助长行人乱穿马路的风气，反而让行人心怀感谢和敬意，更自觉地遵守交通规则。同时，也把杭城的出租车、私家车等社会车辆都带动起来，在斑马线前自觉礼让行人的社会风气蔚然形成。杭州公交集团“斑马线礼让”制度的两个突出特点，一是指导性内部控制制度的创新，二是信息沟通方式的创新。

斑马线前一脚刹车，传递的是一种人文精神与道德文明；一个手势，感受到的是杭州这座城市的品质生活与幸福和谐。杭州公交车就像是一扇传递关爱、尊重生命、温暖人心的文明之窗，让杭城市民和游客深深体会到杭州城市的温馨与安全感，也在全国形成了“礼让行人”的影响力。杭州的“车让人”开全国风气之先，让很多外地朋友刚来杭州时“不习惯”，回家后“更不习惯”。

三、补偿性内部控制制度建设

补偿性内部控制制度，是指在预防性内部控制、指导性内部控制、检查性内部控制制度下，组织目标无法实现、风险无法控制的情况下，事后的补救控制措施。

《钱江晚报》2014 年 8 月 30 日报道：温州永嘉一小伙子，29 号向警方报案，称自己于 2014 年 5 月 6 日在美国抢了银行（背景：该小伙子跟随父母在美国做生意，衣食无忧，为何抢银行，他自己也说不清楚。抢完银行后他自己离开美国，经香港转机后顺利回到了老家。后来心理压力太大，投案自首）。

以下是他自己的交代：2014 年 5 月 6 日下午 4 点多，在美国纽约一家银行，我拿出一张纸条，想写“我有枪，给我钱”这几个字。但我不知道用英文怎么写，于是就用手机翻译软件，把这几个字翻译成了英文。银行里面没有多少人，我没有蒙面，直接走到一个柜台前。美国银行的柜台没有玻璃挡着，我就把纸条直接给了里面的一个员工。对方是一个女的，白人。她看到纸条，什么都没有说，就从身后拿了一捆钱给我。周围还有一些人，但他们好像都没有注意到此事。银行里也没有保安，我就这么走出去了。没想到，就在这个时候，我手里的一捆钱突然开始冒起烟来，接着就炸开了，爆出一种红色液体，把我后背都染红了。我更慌了，把钱扔在地上就跑了。走到半路上，我听到有警报声，还有直升机和警车，都往银行的方向赶去……他回到家中，发现自己毫发无损，衣服上的红色液体也能洗干净。

简要分析：我们在这里关注的，不是这个小伙子的抢劫行为，而是美国银行的控制措施。在这个小伙子的描述中，出现了“美国银行的柜台没有玻璃挡着”“她看到纸条，什么都没有说，就从身后拿了一捆钱给我”“我手里的一捆钱突然开始冒起烟来，接着就炸开了”，等等。美国银行的管理方法，非常巧妙。营业员背后的那“一捆钱”就是补偿性内部控制措施，而“没有玻璃”“也没有保安”，就意味着省略了预防性内部控制措施，节约了内部控制成本，同时，也巧妙地保护了银行的资金与财产安全，避免了银行职员的伤亡事件发生。毕竟，抢劫银行的事件很少发生，设置过多的预防性控制措施，成本太高也没必要。用补偿性控制措施，既预防了风险的发生，又降低了控制成本。

四、纠正性内部控制制度建设

纠正性内部控制制度，是指内部控制执行后出现偏离控制目标的纠偏程序与方法。具体包括整改措施、奖励惩处、完善制度等方面。

作者单位与浙江省农信联社嘉兴办事处建立了长期校银合作关系，在该办事处主任的带领下，我们全面了解了审计检查纠错机制：一是营造环境，让自查自纠和落实整改责任深入员工内心，树立人人参与纠错的意识。他们把问题汇编成册下发至每位员工手中，将本来由各级自查自纠责任人开展的工作，进行了不同程度的延伸，自觉营造了员工之间相互纠错的意识，自查自纠的力度无形扩大。二是规范程序。自查自纠工作主要落实在基层，规范和简化操作流程十分必要，为此专门下发《审计检查问题纠错整改责任落实实施意见》，既明确纠错机制的相关操作流程，又明确各级责任，保证自查自纠工作正常有序开展。三是建立载体。各营业机构和职能部门要建立审计检查问题自查自纠整改台账，能一目了然反映自查自纠工作的频率和成果。同时要求按季通报自查自纠整改情况。四是明确职责。各个分支机构要明确责任人，业务职能部门是问题整改的直接监督部门，必须承担起督促整改职责。五是突击审计。审计部门开展不定期审计，督促各支行认真开展自查自纠，并进行适当辅导。六是专题协调。建立专题协调会议制度，由行（社）负责人主持，行（社）总部班子成员和各部负责人参加，对发现问题进行全面剖析，落实纠错责任。七是加大处罚。对于自查自纠责任不落实，有效整改不到位的行为，加大处罚力度，并追究相关领导责任。八是成立组织。市、县两级合作金融机构成立了审计检查纠错机制领导小组，为此项机制的落实奠定了组织基础。

五、内部控制制度体系建设

内部控制体系建设，是指指导性内部控制制度、预防性内部控制制度、检查性内部控制制度、补偿性内部控制制度、纠正性内部控制制度之间的相互搭配。在内部控制制度建设中，必须首先考虑产权制度与经营制度。不同的产权制度与经营制度，其内部控制制度与体系搭配，也是完全不同的。股民持股的上市公司与员工持股的非上市公司，由于产权结构不同，导致经营目标的差异，进而影响指导性内部控制制度；一股独大的公司与股权分散的公司，由于产权结构的差异，导致了经营管理机制的差异，进而影响到预防性内部控制中的授权管理和监督检查。

我们来进行分析一个牛肉面馆老板的困惑：牛肉面馆是一个充分竞争的市场，老板和厨师的关系十分微妙。主要问题是，在市场价格确定为 5 元人民币一碗牛肉面的前提下，厨师的工资如何确定？办法一：为调动厨师积极性，老板按照销售量分成，一碗面给厨师 0.5 元提成。结果顾客越来越多，厨师收入越来越多，面馆亏损越来越多。实际情况是厨师每碗都多放牛肉片吸引顾客。厨师认为卖得越多，自己收入越高。办法二：老板给厨师每月发固定的高工资。结果客人越来越少。实际情况是厨师做出的牛肉面质量不稳定，牛肉时多时少。厨师想反正高工资，干多干少都一样。这种情况老板应该怎么办呢？在充分竞争的市场中，不宜强化监督与严格考核，如何激励与约束，这就是一个大问题。以下是专家讨论的备选方案：

1. 基本底薪 + 利润提成（非销售量提成）（利润如何精确计算？是否需要会计？老板和厨师的利益如何平衡？这就是一个经营管理制度问题）。

2. 规范化管理。明确规定面条、水和牛肉等原材料的用量，确定消耗定额，规定制造方法和工艺流程（小店适合吗？厨师愿意受约束吗？这就是内部控制制度的流程优化问题）。

3. 股份制。老板资金入股、厨师技术入股，两个人合伙，利润分配（技术股份算多少？成本和利润要准确计算？这就是一个股权制度安排问题）。

4. 承包制。老板把面馆承包给厨师，老板拿提成后回家养花养鸟（提成比例多少合适？这也是一个经营管理问题）。

5. 老板娘控制。老板娘掌握牛肉分发权，关键资源一定要掌握在关键人的手中，防止材料浪费和滥用（简洁的控制点？关键的控制点？把复杂事情简单化？这就是关键控制点的设置问题）。

6. 和谐关系。创造老板和厨师的和谐关系，善待厨师，使厨师产生归属感和满足感，从而积极工作（文化？情感？尊重？沟通？这就是企业文化建设问题）。

哪一种办法更好呢？并没有结论，因为，不同的产权结构决定了不同的治理模式，不同的治理模式会选择不同的经营模式与管理模式，进而导致了不同的内部控制体系，如图 2－4 所示：

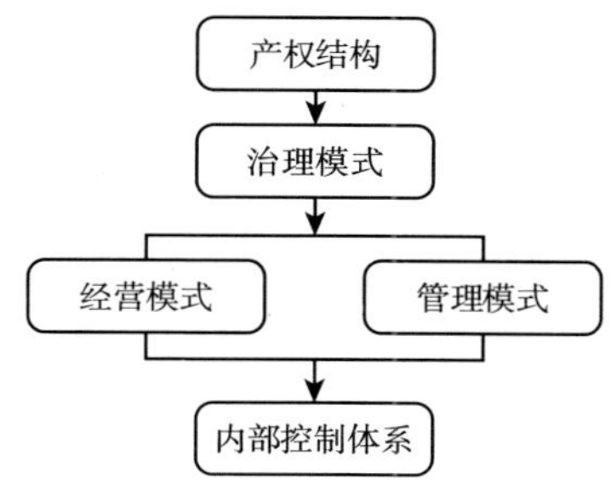

图 2－4 产权结构与内控体系的关系

六、内部控制审计评价

内部控制审计是通过对被审计单位的内控制度的审查、分析测试、评价，确定其可信程度，从而对内部控制是否有效作出鉴定的一种现代审计方法。内部控制审计是内部控制的再控制，是企业改善经营管理、提高经济效益的自我需要。目前，有三种类型的内部控制审计：

1. 内部审计机构开展的内部控制审计，即自己审计自己并给自己看，其依据是中国内部审计协会颁布的内部审计具体准则《内部控制审计》，其目的是防范组织风险，增加组织管理效益。

审计报告基本要素包括：标题、收件人、正文、附件、签章和报告日期。正文内容有：审计立项依据、审计目的、审计范围、审计重点、审计标准、审计依据、审计结论、审计决定、审计建议等。附件包括对审计过程和审计发现问题的具体说明、被审计单位反馈意见。审计报告重点说明：披露发现的情况，说明在什么方面出问题；对发现的情况进行描述，说明为什么出问题；提出改进建议，说明应采取什么整改措施；反映被审计单位意见与行动计划。

审计报告基本类型：一是满意（肯定、积极）审计意见；二是大致满意但有例外的审计意见；三是不满意（否定、消极）审计意见。审计报告修订路径：审计报告草稿→审计人员修订→审计组长修订→部门经理修订→审计经理修订→被审计单位提出意见→领导审核→正式定稿以待发送。

2. 民间审计机构开展的内部控制审计，即别人审计自己并给大家看。其依据是中国注册会计师协会（2011 年）发布的《企业内部控制审计指引实施意见》，其目的是鉴证财务报告的内部控制有效性。

内部控制审计，是指会计师事务所接受委托，对特定基准日内部控制设计与运行的有效性进行审计。注册会计师执行内部控制审计工作，应当获取充分、适当的证据，为发表内部控制审计意见提供合理保证。注册会计师应当对财务报告内部控制的有效性发表审计意见，并对内部控制审计过程中注意到的非财务报告内部控制的重大缺陷，在内部控制审计报告中增加“非财务报告内部控制重大缺陷描述段”予以披露。

标准内部控制审计报告包括下列要素：（一）标题；（二）收件人；（三）引言段；（四）企业对内部控制的责任段；（五）注册会计师的责任段；（六）内部控制固有局限性的说明段；（七）财务报告内部控制审计意见段；（八）非财务报告内部控制重大缺陷描述段；（九）注册会计师的签名和盖章；（十）会计师事务所的名称、地址及盖章；（十一）报告日期。

符合下列所有条件的，注册会计师应当对财务报告内部控制出具无保留意见的内部控制审计报告：（一）企业按照《企业内部控制基本规范》《企业内部控制应用指引》《企业内部控制评价指引》以及企业自身内部控制制度的要求，在所有重大方面保持了有效的内部控制；（二）注册会计师已经按照《企业内部控制审计指引》的要求计划和实施审计工作，在审计过程中未受到限制。

注册会计师认为财务报告内部控制虽不存在重大缺陷，但仍有一项或者多项重大事项需要提请内部控制审计报告使用者注意的，应当在内部控制审计报告中增加强调事项段予以说明。

注册会计师应当在强调事项段中指明，该段内容仅用于提醒内部控制审计报告使用者关注，并不影响对财务报告内部控制发表的审计意见。

注册会计师认为财务报告内部控制存在一项或多项重大缺陷的，除非审计范围受到限制，应当对财务报告内部控制发表否定意见。

注册会计师出具否定意见的内部控制审计报告，还应当包括下列内容：（一）重大缺陷的定义；（二）重大缺陷的性质及其对财务报告内部控制的影响程度。

注册会计师审计范围受到限制的，应当解除业务约定或出具无法表示意见的内部控制审计报告，并就审计范围受到限制的情况，以书面形式与董事会进行沟通。

注册会计师在出具无法表示意见的内部控制审计报告时，应当在内部控制审计报告中指明审计范围受到限制，无法对内部控制的有效性发表意见。

3. 内部控制评价，实际上是自己审计自己并给大家看，其依据是财政部、证监会、审计署、银监会、保监会《内部控制评价指引》。内部控制评价报告的内容：内部控制责任主体的声明，组织实施内部控制评价的总体情况，内部控制评价范围与内容，内部控制评价标准与依据，内部控制评价程序与方法，内部控制重大缺陷及其认定情况，内部控制重大缺陷整改措施及责任追究情况，内部控制有效性的结论。

内部控制评价，是指企业董事会或类似权力机构对内部控制的有效性进行全面评价，形成评价结论，出具评价报告的过程。内部控制评价的主体是董事会或类似的权力机构，是指董事会或类似的权力机构是内部控制设计和运行的责任主体。董事会可指定审计委员会来承担对内部控制评价的组织、领导、监督职责，并通过授权内部审计部门或独立的内部控制评价机构执行内部控制评价的具体工作，但董事会仍对内部控制评价承担最终的责任，对内部控制评价报告的真实性负责。对内部控制的设计和运行的有效性进行自我评价并对外披露是管理层解除受托责任的一种方式，董事会可以聘请会计师事务所对其内部控制的有效性进行审计，但其承担的责任不能因此减轻或消除。

三大内部控制审计评价比较，如表 2－2 所示：

表 2－2　　三大内部控制审计评价比较

项目比较	内部控制审计（1）	内部控制审计（2）	内部控制评价
审计主体	内部审计机构	民间审计机构	董事会
审计依据	中国内部审计协会：内部审计具体准则《内部控制审计》	中国注册会计师协会：《企业内部控制审计指引实施意见》	财政部、证监会、审计署、银监会、保监会《内部控制评价指引》
本质	自己审计自己并给自己看	别人审计自己并给大家看	自己审计自己并给大家看
目的	防风险，增效益	财务报告的内部控制有效性	内部控制的设计和运行的有效性
需求	自律需求	政府强制	政府强制

七、加强党的领导

2019 年 11 月 29 日中共中央政治局会议审议批准，2019 年 12 月 30 日发布《中国共产党国有企业基层组织工作条例（试行）》（以下简称《条例》）。通知要求，各级党委（党组）要从巩固党的执政基础的高度出发，把国有企业党的建设作为管党治党的重要任务抓紧抓好，采取有力措施，强化责任落实，推动《条例》落到实处、见到实效。坚持和加强党对国有企业的全面领导，提高国有企业党的建设质量，推动国有企业高质量发展。国有企业党组织工作应当遵循以下原则：（一）坚持加强党的领导和完善公司治理相统一，把党的领导融入公司治理各环节；（二）坚持党建工作与生产经营深度融合，以企业改革发展成果检验党组织工作成效；（三）坚持党管干部、党管人才，培养高素质专业化企业领导人员队伍和人才队伍；（四）坚持抓基层打基础，突出党支部建设，增强基层党组织生机活力；（五）坚持全心全意依靠工人阶级，体现企业职工群众主人翁地位，巩固党执政的阶级基础。

关于党内民主和监督，工作条例要求：国有企业党组织应当落实党员的知情权、参与权、选举权、监督权，畅通党员参与党内事务的途径，推进党务公开，建立健全党员定期评议党组织领导班子等制度。落实党员代表大会代表任期制，健全代表联系党员群众等制度，积极反映基层党组织和党员意见建议。落实全面从严治党责任，强化政治监督，加强对党的理论和路线方针政策以及重大决策部署贯彻落实的监督检查。严格落实中央八项规定及其实施细则精神，坚决反对形式主义、官僚主义、享乐主义和奢靡之风。加强对制度执行的监督，加强对企业关键岗位、重要人员特别是主要负责人的监督，强化对权力集中、资金密集、资源富集、资产聚集的重点部门和单位的监督，突出“三重一大”决策、工程招投标、改制重组、产权变更和交易等重点环节的监督，严肃查处侵吞挥霍国有资产、利益输送等违规违纪问题。问题严重的，应当及时向上级党组织报告。落实党内监督责任，建立健全党内监督制度机制，强化日常管理和监督，充分发挥内设纪检组织、党委工作机构、基层党组织和党员的监督作用。加强对企业领导人员的党性教育、宗旨教育、警示教育，落实谈心谈话制度，加大提醒、函询、诫勉等力度，通过巡视巡察、考察考核、调研督导、处理信访举报、抽查核实个人有关事项报告等方式，督促企业领导人员依规依法用权、廉洁履职。善用企业监事会、审计、法律、财务等监督力量，发挥职工群众监督、社会监督和舆论监督作用，推动各类监督有机贯通、相互协调，形成监督合力，提高监督效能。国有企业内设纪检组织履行监督执纪问责职责，协助党委推进全面从严治党、加强党风建设和组织协调反腐败工作，精准运用监督执纪“四种形态”，坚决惩治和预防腐败。

第五节　企业风险与危机控制

一、企业风险控制

企业风险，指未来的不确定性对企业实现其经营目标的影响。企业风险按照发生的性质，一般可分为战略风险、研发风险、技术风险、新产品风险、财务风险、管理风险等；也可以按照能否为企业带来盈利等机会为标志，将风险分为纯粹风险（只有带来损失一种可能性）和机会风险（带来损失和盈利的可能性并存）。战略风险，是影响整个企业的发展方向、企业文化、信息和生存能力或企业效益的因素。一个战略就是设计用来开发核心竞争力、获取竞争优势的一系列综合的、协调的约定和行动。如果选择了一种战略，公司即在不同的竞争方式中作出了选择。从这个意义上来说，战略选择表明了这家公司打算做什么，以及不做什么。研发风险，是指研发活动能否顺利进行下去的不确定性（关键技术人员退出、无法获得重要的研究信息资料、研究所需要的材料、设备无法得到满足）。技术风险，是指研究的新技术达不到原来设想的水平，或者不能满足新产品的技术要求从而使项目失败的可能性新产品风险，技术创新带来的新产品能否为市场所接受，能否取得足够的市场份额（市场对新产品接受能力的不确定性、接受时间的不确定性、接收价格的不确定性）。财务风险，指在资金筹措和资金使用过程中所产生的不确定性，可以进行投入与产出比较。管理风险，是因管理不善而导致失败的可能性（包括管理人才、管理机构、管理制度等方面）。

企业风险按照发生的来源，一般可分为内部风险与外部风险。内部风险有：因战略决策失误带来的战略风险；员工素质、职业道德与职业能力低下带来的员工风险；内部控制流程的欠缺与不合理带来的内部控制风险；资金在筹措和使用过程中发生的违规与中断带来的财务风险。外部风险有经济环境、供应商、竞争对手、客户等方面带来的风险。经济环境有法律、税收、金融、技术等变化给企业带来的不确定性；供应商提供材料的价格、质量与合同引发的各种风险；客户与消费者在产品质量、价格与合同方面引发的各种风险；竞争对手因价格降低、新产品出现、质量与服务提升给企业带来的风险。风险来源具体如图 2－5 所示：

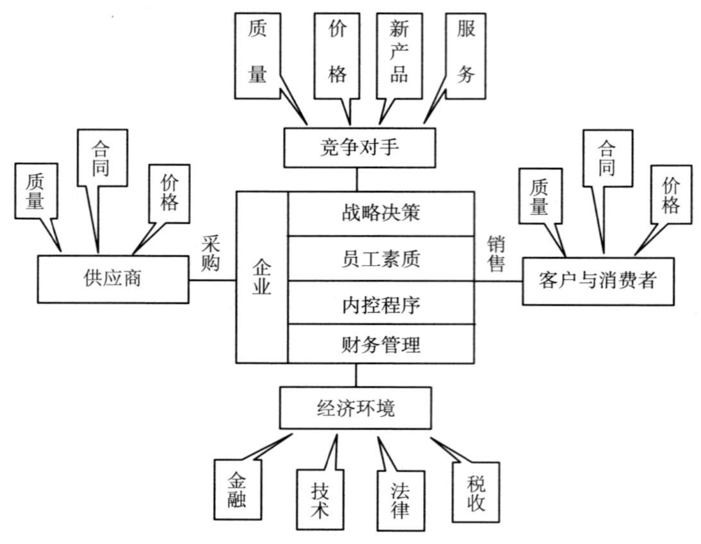

图 2－5　企业风险来源示意

企业风险管理组织框架，应该有三道基本防线：一是业务单位与相关职能部门，可以防范局部风险，体现的是本位主义；二是风险管理职能部门，可以体现整体利益和全局观念；三是内部审计部门，可以独立客观评价与建议，内部审计是监督员，也是信息员，更是服务员。风险管理基本步骤：一是风险识别，识别当前面临风险与潜在风险；二是进行风险分析，分析各种风险因素引发风险发生的可能性和影响程度；三是进行风险评价，衡量风险对企业实现目标的影响程度；四是进行风险应对，可以采取接受、转移、避免、降低等措施。风险接受的措施包括用现有收入补偿损失、建立专项基金、从外部借入资金等；风险转移的措施有外包、租赁、出售、售后回租、保证契约、担保、保险、股份化等；风险避免的措施有终止交易、减少交易量、放弃交易等；降低风险的措施有加强内部控制、提高员工素质等。风险应对措施如图 2－6 所示：

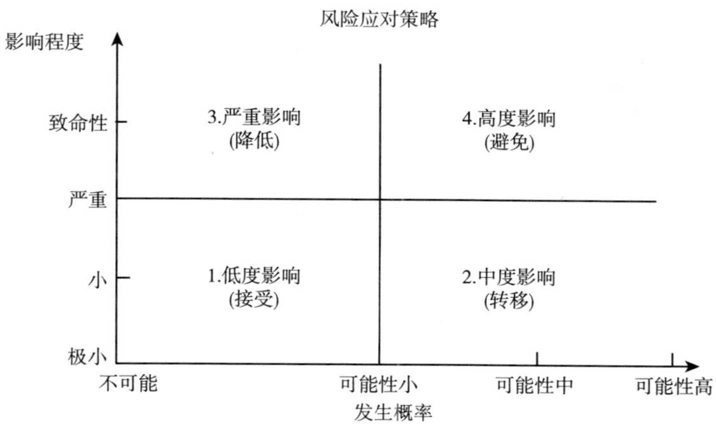

图 2-6 企业风险应对措施

全面风险管理，是防控企业风险的根本。全面风险管理，指企业围绕总体经营目标，通过在企业管理的各个环节和经营过程中执行风险管理的基本流程，培育良好的风险管理文化，建立健全全面风险管理体系，包括风险管理策略、风险理财措施、风险管理的组织职能体系、风险管理信息系统和内部控制系统，从而为实现风险管理的总体目标提供合理保证的过程和方法。

二、员工风险控制

关于员工风险，目前突出表现在三个方面：员工招聘风险、人员配置风险以及绩效考评风险。

员工招聘风险，主要是法律禁止性规定的适用风险，聘用外埠员工带来的资信风险，引进外埠高级人才的声誉风险和接收毕业生的能力风险等；人员配置风险，主要是用人失察带来的风险，德不配位风险，技术能力风险，技术人才与管理人才错用风险等。绩效考评风险，是人为引发的内部风险。在一些企业中，由于考评产生的法律风险，有的劳动合同期限是3~5年甚至更长，而考评是一年修改一次，有的考评方式和结构化的考评工具直接与劳动合同发生冲突，如“末位淘汰制”常常不符合劳动合同的条款。考评方式有：指标式（一系列多数人能达到的指标，进行统计计算，给出总分，然后排序）；投票式（同事、客户、专家、公众等进行评价和打分，然后排序）；上级决定式（某个上级全权决定）。由于考评方式缺乏科学性，导致了企业丧失凝聚力以及人才流失。任何一套绩效考评体系，都不可能把员工的所有能力、行为、成果纳入进去。然而实践中常常出现重考评、轻业务改进的现象。结果考评不仅没有提高效率，反而降低了效率。另外还有员工培训风险企业为他人作嫁衣，只注重培训技术，忽视企业文化培训；忽视员工职业发展与职业生涯培训；忽视培训后的服务期限合同约束；忽视健全人格培养。人事变动风险，包括跳槽引发人才流失、客户流失、机密泄露；裁员引发劳资纠纷、企业形象与声誉下降；转岗引发人际关系紧张等现象。

企业和员工之间产生的矛盾与风险，主要是在薪酬问题。薪酬，是由“薪”和“酬”组成的。“薪”，薪水，又称薪金、薪资，所有可以用现金、物质来衡量的个人回报都可以称之为“薪”，也就是说，薪是可以数量化的，它可以是货币，也可以是实物数量。员工的工资、保险、实物福利、奖金、提成等都是薪。单位的财务会计做人工成本预算时，其工资数额都是“薪”。“薪”，包括直接薪酬与间接薪酬。直接薪酬是员工薪酬的主体组成部分，它包括员工的基本薪酬，即基本工资，如周薪、月薪、年薪等；也包括员工的激励薪酬，如绩效工资、红利和利润分成等。间接薪酬即福利，包括单位向员工提供的各种保险、非工作日工资、额外的津贴和其他服务，比如单身公寓、免费工作餐等。“酬”，报酬、报答、酬谢。汉语字典的解释是：劝酒、用财物报答、交际往来、实现愿望。我们的理解，更多是一种侧重于精神层面的酬劳，是指员工自身心理上感受到的回报，主要体现为社会和心理方面的。一般包括参与组织决策，获得更大的工作空间或权限，得到更有趣的工作，得到个人成长的机会和活动的多样化等。“酬”，往往看不见，也摸不着，不是简单的物质付出。对于单位组织来说，如果运用得当，能对员工产生较大的激励作用。然而，在管理实践中，“酬”的管理，经常会被单位组织的高管层忽视。管理者应当认识到“薪”和“酬”的重要性，并加以综合地合理利用。反过来说，员工个人也要从“薪”和“酬”两个方面，充分认知一个单位的工作待遇、工作环境与氛围，恰当谨慎选择自己的工作单位、岗位与领导，避免出现频繁跳槽的尴尬局面。

作者的一个学生，毕业后在一家单位从事会计工作，其工资奖金待遇非常高，该公司给予会计人员的待遇是该地区最高的，他自己也非常满足。但在他领导的眼里，会计的工作是非常简单的，会计岗位对于公司没有贡献，所以该公司的领导经常挑剔、指责会计人员的工作，并且抱怨会计工资高而贡献少。最后，该学生忍无可忍，气愤地离开了这家公司。其实，现实生活中有不少公司给员工的工资不低，福利也不错，员工却还对公司有许多不满意。而有些公司，给的工资并不高，工作量也不小，员工很辛苦，但员工却很快乐地工作，并且乐于奉献，为什么？究其原因，还是在“酬”上出了问题。当一个公司没有精神、没有企业文化、没有情感、没有情怀时，员工不仅没有安全感，没有前途，更没有梦想。员工就只能跟公司谈钱，跟公司之间变成了单纯的交换关系。这样的单纯的“薪”关系，是不会让员工产生归属感的。从某种意义上说，薪酬是组织对员工贡献（包括员工的态度、行为和业绩等）所作出的各种回报。既有经济性因素，也有非经济性因素。永远要记住，“薪”和“酬”，就像硬币的两面，它是同时存在的，因此，无论是单位组织这一方，还是员工个人这一方，都是必须认真考虑的。

现代管理理论研究表明，薪酬支付的基础有四种：职位、能力、业绩和市场。职位，就是要对某一职位应该履行的义务、承担的责任进行支付，而与谁在这个职位上工作无关，可以简单概括为“对事不对人”。要求具有一定职业能力的人来匹配这一岗位，并不是每个人都可以胜任。人们常说的“德不配位”，就是一个典型的反例。能力，就是“对人不对事”，即不论员工在哪里工作，只要他自身具备了一定的知识、技能和经验，公司就要支付给他相应的薪酬。业绩，就是完全依照员工的工作结果来支付薪酬。无论他处于什么职位、具备什么样的能力、在工作中如何努力，只要最终的绩效结果好，达到考核标准，就支付给他应有的报酬，这是典型的结果导向。市场，薪酬的设计不仅仅是考虑能力与结果，还要考虑劳动力的市场价值。所谓的市场价值，就是薪酬能够满足员工个人衣食住行的基本生活要求。如果薪酬都不够支付员工的房租，肯定留不住人才。公司要想留住人才，就必须考虑其市场价值来制定薪酬标准，一般高于同行业的薪资水平才能留住人才。

作为用人单位，“任人唯贤、德才兼备”“公开、公平、公正”“能者上、平者让、庸者下”“事业留人、待遇留人、感情留人、环境留人、信用留人”等，都是人力资源管理的经典，能激发起各级员工勤奋工作和学习创新的热情。但是，关键是要做好职位、能力、业绩与市场四个方面的平衡。作为劳动者，应该考虑如何不断提升自己的职业能力，这是根本。因为，无论是职位还是业绩，都需要自身能力的体现，能力的匹配，能力的达标。每个人的衣食住行等基本生活方面，都需要劳动所得的薪酬来满足。薪酬，是每一个人切身利益的体现，是生活质量高低的体现，是工作能力与职业能力的体现，是每一个人的价值体现。作为劳动者，勤奋努力工作很重要。选择单位与职业，更为重要，既要考虑“薪”，更要考虑“酬”。作为劳动者，不断提升职业能力，永远在路上。

三、企业危机控制

危机是对一个组织、企业及其产品或名声等产生潜在的负面影响的突发事件。这种突发事件在很短时间内波及很广，对企业或品牌会产生恶劣影响。危机具有突发性、紧迫性、破坏性、舆论关注性与资源紧缺性。企业面临的危机主要有：决策危机、信誉危机、管理危机、财务危机、法律危机、人才危机、灾难危机、舆情危机。决策危机是企业经营决策失误造成的危机。信誉危机是指企业由于没有履行合同，或者没有履行对消费者的承诺而产生的一系列纠纷，甚至给合作伙伴及消费者造成重大损失或伤害，失去公众的信任和支持而造成的危机。管理危机是企业管理不善而导致的危机，包括产品质量危机、环境污染危机、关系纠纷危机。财务危机是指企业投资决策的失误、资金周转不灵、股票市场的波动、贷款利率和汇率的调整等因素，使企业暂时出现资金断流，难以正常运转，甚至造成企业瘫痪。法律危机指企业管理层法律意识淡薄，在企业的生产经营中涉嫌偷税漏税、以权谋私等，事件暴露后，企业陷入危机之中。人才危机是指人才频繁流失造成的危机，尤其是企业核心员工离职，其岗位没有合适的人选，给企业带来的危机现象。灾难危机是指企业无法预测和人力不可抗拒的强制力量，如地震、瘟疫、台风、洪水、战争、火灾、重大工伤事故、交通事故、经济危机等造成巨大损失的危机。舆情危机是指社会公众对企业客观存在的事件或现象表达自己的信念、态度、意见和情绪，当这些信念、态度、意见和情绪积聚汇总，其舆论影响范围空前扩大，并给当事人造成危机感的现象。网络舆论的草根化、多元化、多极化和匿名化的交织作用，使网络舆论更加具有不确定性、易爆发性和偏激性。

危机控制是企业为应对各种紧急情况而进行的决策、动态管理、化解处理等活动过程，其目的在于消除或降低危机带来的威胁和损失。通常可将危机管理分为：危机爆发前的预测预防管理和危机爆发后的应急善后管理。

（一）危机前的预防与控制

危机控制的重点就在于预防危机。正所谓“冰冻三尺非一日之寒”，几乎每次危机的发生都有预兆性。如果企业管理人员有敏锐的洞察力，能根据日常收集到的各方面信息，对可能面临的危机进行预测，及时做好预警工作，并采取有效的防范措施，就完全可以避免危机发生或把危机造成的损害和影响减少。出色的危机预防控制不仅能够预测可能发生的危机情境，积极采取预控措施，而且能为可能发生的危机做好准备，拟定计划，从而从容地应对危机。危机预防要注意以下几方面问题：

1. 树立正确的危机意识

企业的全体员工，从高层管理者到一般员工，都应居安思危，将危机预防作为日常工作的组成部分。全员的危机意识能提高企业抵御危机的能力，有效地防止危机产生。

2. 建立危机预警系统

预防危机必须建立高度灵敏准确的危机预警系统，随时收集产品的反馈信息。一旦出现问题，要立即跟踪调查，加以解决；要及时掌握政策决策信息，研究和调整企业的发展战略和经营方针；要准确了解企业产品和服务在用户心目中的形象，分析掌握公众对本企业服务的评价，从而发现公众对企业的态度及变化趋势；要认真研究竞争对手的现状、实力、潜力、策略和发展趋势，经常进行优劣对比；要重视收集和分析企业内部的信息，进行自我诊断，找出薄弱环节，采取相应措施。

3. 成立危机管理小组，制订危机处理计划

成立危机管理小组，是顺利处理危机、协调各方面关系的组织保障。危机管理小组的成员应尽可能选择熟知企业和本行业内外部环境，有较高职位的公关、生产、人事、销售等部门的管理人员和专业人士参加。小组的领导人不一定非公司总裁担任不可，但必须在公司内部有影响力，能够有效控制和推动小组工作。

4. 进行危机管理的模拟训练

企业应根据危机应变计划进行定期的模拟训练。模拟训练应包括心理训练、危机处理知识培训和危机处理基本功演练等内容。

（二）危机中的应急处理

1. 公众利益至上

危机处理中，应更多地关注公众和消费者的利益，关注公司的长远利益，而不仅仅是短期利益。尽量为受到危机影响的公众减少或弥补损失，维护企业良好的公众形象。

2. 信息通畅

建立有效的信息传播系统，做好危机发生后的传播沟通工作。首先要搞清楚发生危机的根本原因与影响，积极配合政府相关监管部门的调查，争取新闻界的理解与合作，掌握宣传报道的主动权，通过召开新闻发布会以及使用互联网等多种媒介，向社会公众和其他利益相关人及时、具体、准确地告知危机发生的时间、地点、原因、现状，公司的应对措施等，避免小道消息满天飞和谣言四起而引起误导和恐慌。

3. 危机处理策略

当危机产生之后，企业应迅速采取措施，切断危机同企业其他经营领域的联系，及时将爆发的危机予以隔离，以防扩散。企业要根据危机发展的趋势，审时度势，主动中止某种危机损失，积极采取措施，消除危机。

4. 危机的善后总结

对危机发生原因和相关预防处理的全部措施进行系统调查，进行认真系统的总结。对预警系统的组织和工作内容、危机应变计划、危机决策和处理等各方面进行评价，发现危机管理工作中存在的各种问题，分别提出整改措施，并责成有关部门逐项落实。

（三）强生公司危机控制的启示

强生是美国著名医药公司，在最新世界医药公司排名中名列前十，年销售额过百亿美元。该公司早在1975年开发出了可代替阿司匹林的“泰诺”胶囊，投放市场后获得了巨大的成功。7年内，该药就赢得了止痛药市场35%以上的份额。1981年销售额达5.4亿美元，利润占整个公司利润的15%～20%，是强生公司的核心产品。1982年9月29日，芝加哥地区有人服用泰诺胶囊而死于氰中毒，一开始报道的死亡人数只是3人，后来却传说全美各地死亡人数高达250人。该消息迅速扩散到全美各地，1亿多服用“泰诺”胶囊的消费者顿时陷入巨大的惊慌之中。

全美新闻媒体炸开了锅，所有媒体群起而攻之。那些和强生存在着激烈竞争关系的公司也趁机别有用心地大肆渲染。随着噩耗的扩散，美国各地众多死亡或疾病都被怀疑与泰诺胶囊相关（据说最后，媒体记录达到了2500起，有94%的消费者通过媒体得知了此案），事态蔓延极其严重……

强生快速反应，成立由公司总裁为首包括公关部长在内的七人危机处理委员会，全权指挥整个危机事件处理，同时邀请著名的公关公司配合。强生公司第一时间向新闻媒体宣布并作出承诺：“本公司是坦诚、愧疚、富有同情心的，决心解决中毒事件并保护公众。”七人危机处理委员会连续6周每天都碰头2次，以解决危机发展中出现的各种问题，一切重大决定都必须经过委员会的讨论，然后才统一行动。整个危机处理中，强生坚持了两点：一是做好“最坏的可能”准备，二是始终把公众的利益放在第一位。危机事件发生后，由首席执行官吉姆·伯克为首的七人危机管理委员会，果断地采取了五个步骤，这五个步骤环环相扣，成功地挽救了强生公司，甚至最后成功地化危机为商机。

第一步：调查清楚产生问题的根本原因。抽调大批人员立即对所有“泰诺”胶囊进行检验。经过公司各部门的联合调查，在全部800万粒的检验中，发现所有受污染的只源于一批药，总计不超过75粒，并且全部在芝加哥地区，不会对全美其他地区有丝毫影响，而最终的死亡人数也确定为7人，并非像消息所传的250人。

第二步：勇于承担责任，对消费者负责。虽然受污染的药品只有极少数，但强生公司仍然按照公司最高危机原则，即“在遇到危机时，公司应首先考虑公众和消费者利益”。强生公司在全国范围内立即收回全部价值近1亿美元的“泰诺”胶囊。并投入50万美元利用各种渠道和媒体通知医院、诊所、药店、医生停止销售此药。

第三步：信息沟通，实话实说。以真诚和开放的态度与新闻媒介沟通，迅速传播各种真实消息，无论是对企业有利的消息，还是不利的消息，他们都毫不隐瞒。

第四步：积极配合政府监管部门的调查。积极配合美国医药管理局的调查，在五天时间内对全国收回的胶囊进行抽检，并立即向公众公布检查结果。经过百名专业调查人员以及医学界权威人士的共同努力，最后终于查明了真相。事因是：危机发生前，有一位精神病患者在一家药店购买了“泰诺”胶囊，然后向胶囊里注入了氰化物，之后又退回了店里，药店在没有任何防备的情况下，又把该药卖给了无辜的人，结果导致了这起严重事故。

第五步：吸取教训，积极创新。当时美国政府正发布新的药品安全法，要求药品生产企业采用“无污染包装”。强生公司看准了这一机会，率先响应新规定，为“泰诺”设计防污染的新式包装，强生公司重返市场并占领了市场。

1982 年 11 月 11 日，公司举行大规模的新闻发布会。会议由公司董事长伯克先生亲自主持。会议上，他首先感谢新闻界公正地对待“泰诺”事件，然后介绍该公司率先实施“药品安全包装新规定”，推出“泰诺”胶囊防污染新包装，并现场播放了新包装药品生产过程录像。美国各电视网、地方电视台、电台和报刊就“泰诺”胶囊重返市场的消息进行了广泛报道，公众也给予了积极的回应。这样强生就在价值 12 亿美元的止痛片市场上挤走了它的竞争对手，仅用 5 个月的时间就夺回了原市场份额的 70%，并以更好、更新的形象重新面对公众，赢得了公众信任。

化危机为商机。强生公司虽然为回收付出了 1 亿美元的代价，但其毅然回收的决策表明了强生公司在坚守自己的信条：“公众和顾客的利益第一。”这一决策受到舆论的广泛赞扬，其中《华尔街周刊》曾评论说：“强生公司为了不使任何人再遇危险，宁可自己承担巨大的损失。”强生处理这次危机事件的做法成功地向公众传达了企业的社会责任感，受到了消费者的欢迎和认可。强生因此获得了美国公关协会颁发的银钻奖。2004 年，伯克因此被《财富》杂志评为美国历史上十大杰出 CEO。原本一场“灭顶之灾”竟然奇迹般地为强生迎来了更高的声誉，这归功于强生在危机管理中高超的技巧。在美国企业发展史上，还没有一家企业在危机处理问题上像美国强生制药公司那样获得社会公众和舆论的广泛同情。

泰诺事件给我们的管理启示：危机发生后，企业一定要认清危机的性质；危机处理过程中，企业必须采取坦诚和合作的态度；危机处理过程中，一定要和媒体充分沟通，不要试图站在媒体的对立面，要积极配合媒体工作。危机处理是考验企业文化的重要时刻，企业必须承担起对员工、公民和整个社会的责任。

强生信条：对医生、护士、医院、母亲和所有使用强生产品的人负责；对在强生工作的员工负责；对强生的经营层负责；对强生所在的社区负责；对股东负责。

四、新冠肺炎疫情下浙江企业危机管理攻坚战

2019 年年末，新冠肺炎疫情暴发，疫情防控阻击战迅速打响。2020 年年初，社会公共卫生危机与企业经济危机并存，在疫情防控和复工复产“两手抓”的关键时刻，浙江各地“一手抓疫情防控，一手抓复工复产”，一场轰轰烈烈的经济社会发展攻坚战再次打响。史无前例双重叠加的企业危机管理，在浙江大地上先行。

1. 决策部署

为全面落实浙江省委省政府决策部署，全力确保疫情防控形势下的企业安全生产，进一步提高企业复工复产安全生产工作的针对性和有效性，浙江省安全生产委员会 2020 年 2 月 11 日，印发《关于进一步认真做好企业复工复产安全生产工作的通知》，要求统筹抓好疫情防控和企业复工复产工作。

一是立即组织开展有针对性的复工复产风险研判。对已复产企业的安全风险进行再评估，找准薄弱环节，补强安全措施。抓好区域复工复产的分类指导，分级分类梳理风险管控清单，科学制定企业复工复产方案，分时分批有序推进。抓好正在和即将恢复生产企业的风险识别和排查，建立风险隐患排查指导清单，科学精准管控。

二是严格落实安全生产风险管控机制。继续加强突击生产企业的安全风险管控；继续做好居家生活和疫情防控场所的安全防范，尤其是村居住宅小区、医疗救治定点医院、集中隔离观察点等场所的消防安全工作；突出抓好工矿商贸、交通运输、消防等重点领域的安全风险管控，按照“风险受控、一企一策、属地确认”要求，对安全生产条件不到位的一律不予复工，对强行复工的一律严肃追责。

三是切实推动企业复工复产安全生产工作落实落地。严格落实属地监管责任、行业管理责任和企业主体责任，重点落实“三个一、两个全覆盖和点对点”措施，即组织一次风险研判，全面摸清区域内企业复工复产的安全风险；

抓紧和当地疫情防控领导小组复工复产工作机构进行一次工作对接，在梳理有序复工复产企业清单时开展安全风险评估；做到一个确认，各地在对复工复产企业名单进行确认时，务必将安全生产风险管控到位作为“风险受控、一企一策、属地确认”的必要条件，在确保安全管控要求不削弱的前提下，各地可根据企业风险等级制定实施差别化的安全检查确认制度。

2. “三字经”

浙江有200多万家企业，上千万省外务工人员，防疫复工“两手抓、两手硬”，减法、加法、乘法并用，用好“减”“补”“通”的“三字经”，助力企业“复工”又“复产”。

“减”税费：企业负担做减法。杭州推出系列企业减负政策，其中包括降低企业住房公积金缴存比例，即受疫情影响确有困难的企业，可以申请降低公积金缴存比例最低至3%，或申请缓缴公积金，期限均不超过12个月。对承租国有企业经营性房产，从事生产经营活动的企业，免收2、3月份房租；对不裁员或少裁员的参保企业，可返还其上年度实际缴纳失业保险费的50%；受疫情影响的参保企业，根据不同情况可返还1～3个月不等的社会保险费。减、免、缓、返等措施，从政府部门，到水、电、气、油公用事业单位，浙江多地给量大面广的企业做减法、精准减负，帮助企业应急过关。

“补”复工：关键资源做加法。义乌市明确，企业包车、拼车接送来源地相对集中的员工，费用由政府全额补助；2月22日前来到义乌的企业员工，车票费用全额补贴，23日至29日返回的减半补贴；自驾员工，按照同地区乘坐铁路列车标准给予补贴；初次到义乌求职人员，可享受三天免费食宿。在绍兴，企业参加社保人数较上年同期每新增1人，按每人500元标准补助企业；在宁波，人力资源机构向企业输送员工50人及以上并就业超过3个月的，按每人500元标准补助。

“通”链条：高效复产做乘法。针对口罩、防护服等重要防疫物资生产企业的原材料缺乏问题，绍兴利用化工、纺织产业优势，推动其他行业的多家企业“应急转型”，谋划熔喷布生产线建设，提高原材料的本地供给率。在绍兴这一招叫“本地补链法”。当地立足自身产业优势，加大本地协同力度，对核心产业链的关键企业进行供应链分析，找出断链节点，全面挖潜，及时补链建链，确保产业链至少有一条以上完整的供应链条。“复工”只是第一步，“复产”才是目的。针对人工、原材料、物流等方面的断点堵点，浙江立足“产业链协同”，激发乘法效应，提高企业复产效率。

3. 联动机制

在应对疫情给复工复产带来的各种难题和挑战中，众多企业通过抱团作战的方式，寻求共同发展新路子。浙江各地政府联动企业，出台多项举措保障生产有序进行。杭州市余杭区相关部门建立复工指导员、防疫指导员、企业联络员的企业复工“三员”联动机制，指导企业严格执行防疫规定，科学精准落实疫情防控措施，同时帮助企业解决原料供应、物资调运和复工复产防疫工作的实际困难。应对危机，浙江省乐清市工业企业努力在危中寻机，以最快效益、最短时间推动产能恢复，并以信息化、智能化、数字化、产业集群化为引领，跑出复工复产“加速度”。乐清企业抗疫复工联盟群利用企业、商会、外地人力资源机构等渠道，在青岛、郑州、万州、信阳等地建立联络点，实现企业信息发布、代招代聘、困难对接、资源共享等作用。

4. “共享员工”

“共享员工”为复工后企业的“用工荒”带来解决新方案。台邦电机工业集团是一家制造精密减速电机企业，因来自湖北地区的供应商无法提供必需的零配件，企业一笔医疗电机订单无法及时发货。乐清经济开发区管委会得知后，积极调动各方资源，在本地找到了一家符合生产要求的企业，但该公司缺少员工。于是，台邦安排部分员工到这家公司协助生产，并派技术人员点对点进行指导，通过“共享员工”，解决了产业链“断链”隐忧。“抱团”战‘疫”，通过共享员工、共享资源的“共享模式”，让“闲置”的人力、物力等资源得到有效使用，实现了“两战赢”的新目标。

5. 机器换人

新冠肺炎疫情之下，制造业受招工难、返岗难、产业链联动难等制约，面临严峻考验。推动疫情防控与复工复产“双赢”，不仅需要“安全阀”，更需要“推进器”。在制造业大省浙江，发挥数字经济、智能制造等特色优势，各地不少企业正通过“机器换人”来抢时间、提产能。位于台州玉环的浙江康华眼镜有限公司，偌大的镜腿生产车间内空无一人，60 多台企业自主研发的自动化生产设备正开足马力，满负荷生产。原料通过轨道输送到每一台机器内，随着机器运转，一根根成形的镜腿从机器另一头“吐出”。这场疫情倒逼着浙江企业加快内挖潜力，向机器要人、要生产力，通过自动化设备抢时间、抓生产、提产能。

浙江人民团结一致，积极践行习近平总书记对浙江工作的重要指示精神："干在实处永无止境，走在前列要谋新篇，勇立潮头方显担当。"各级政府大力支持的帮扶政策，企业创新务实的方式方法，干部群众的同心协力，使企业走出了困境，度过了危机，迎来了春天。

第六节　业绩评价与考核

一、业绩评价

业绩评价，按照主体划分，可以分为组织业绩评价和岗位业绩评价两种。组织业绩评价是指运用数理统计和运筹学的方法，通过建立综合评价指标体系，对照相应的评价标准，定量分析与定性分析相结合，对一个组织或部门一定期间的经营业绩和努力程度等各方面进行的综合评判。岗位业绩评价就是以岗位为对象进行的业绩评价，事实上也就是员工业绩评价。总结过去经验教训，重点在于提出未来的改进思路和方法。岗位业绩评价的目的就是：通过评价了解员工的想法和要求，获得员工对组织发展的意见、建议和创新观念，共同制定未来的工作目标，增强员工自信心和满意度，获得发展的机会，增强组织的凝聚力，提高工作效率。评价的要素包括：评价主体、评价方法、评价内容、评价标准。

业绩评价，按照主体划分，可以是上级主管，也可以是下属、同事以及客户，不同的主体分别从不同的立场和角度加以评价。评价的方法可以多种多样，评价的结果是考核的基本依据，但考核的主体往往是上级主管。上级主管评价员工，由于是唯一的业绩评价者，容易助长拉关系、"走后门"的不正之风。而且，评价结果也缺乏来自其他方面的信息加以验证，员工也不会将缺点暴露在上级主管面前。在同事或合作者相互评价业绩时，这些当事人有可能私下商定，互相给予对方好评，结果是你好我好大家好，丧失了同事之间互评的积极意义。在下属对上属主管的评价中，上级主管也可能作出某些暗示，下属一概对上级作出好的评价，这又会使下属对上级主管的评价流于形式。为了避免以上单一评价带来的缺陷，人们创造了360度业绩评价方法。

360度业绩评价，是指员工的业绩不只是由他的上级主管予以评价；同时还应由他的下属、同事以及客户，分别从不同的立场和角度加以评价。每一个接受业绩评价的员工，他的业绩需将来自上级、下属、合作者和客户四个方面的意见综合起来加以评价。这样的立体四维评价，可以全面反映被评价者的工作成绩，体现全面客观公正。在这四对关系中，上级主管和被评价者之间有着上下级的分工和纵向合作关系。相关的同事或合作者与被评价者之间，有着日常的横向协作或合作关系。下属与被评价者之间的关系，是另外一种上下级的纵向合作关系。在客户或服务对象与被评价者的关系中，客户是企业服务的终点，企业经营的目的就是为客户服务并从中获得应有的利润，直接由客户对被评价者作出评价，并且反馈给企业的有关部门。

业绩评价，按照内容划分，可以分为工作成绩评价、工作能力评价与工作态度评价。所谓“成绩”，指的是在预定期间内实际完成的工作成果。用计划目标水平（任务标准）去衡量实际工作成果，就是成绩评价。成绩评价结果反映了被评价者在该期间对企业的贡献度。员工的能力包括三个方面，即基础能力、业务能力和素质能力。其中前两种能力属于能力评价范围，素质能力主要通过适应性考察来评价。基础能力包括知识（主要包括基础知识、专业知识和实务知识）和技能，主要通过书面测验、企业内训练课程成绩、技术职称或专业资格称号的取得等方面得到了解，评价较为容易。业务能力包括的内容则较多，主要包括：理解能力、判断能力、决策能力、执行能力、创新能力、表达能力、协调能力等。由于这些内容较为抽象，评价时可能掺入较多主观因素。为了尽量客观地评价业务能力，只能通过评价工作成绩间接进行。工作态度包括工作积极性、工作热情、业绩感和自我开发愿望等因素。评定这些因素，除了主观性评价之外，没有其他办法可想，员工的工作态度只能由直接上级根据平时的观察予以评价。一般来说，企业更注重的是工作成绩评价，而对于工作能力评价和工作态度评价，往往很难量化。我们的理解，对于工作成绩，可以采用多种方法进行评价；对于工作能力，需要企业单位的持续培养；对于工作态度，需要企业文化的长期熏陶。

业绩评价的方法主要有：排列法、对比法、分类法、量表评价法、目标考核法。排列法是一种较简便易行的业绩评价方法，但在使用中有一定的局限性，一般用来评价数量不多。对比法是由评价者就某一评价因素，将每一位被评价者与其他被评价者一一对比，好于记为“+”，不如记为“-”，最后比较出每个被评价者的优劣。分类法是将员工业绩分成若干个等级。每一等级强制规定一个百分比，视员工的总体工作业绩将他们分别归类。强制分类法可用于评价对象较多的评价工作。量表评价法是根据设计的等级评价量表来对被评价者进行评价的方法。无论被评价者的人数是多还是少，这种方法都适用。而且这种方法评价的定性定量考核较全面，故多为各类企事业单位所选用。目标考核法，是在整个组织实行目标管理的制度下，对员工进行的考核方法。

二、业绩考核

业绩考核通常也称为业绩考评，是针对企业中每个职工所承担的工作，应用各种科学的定性和定量的方法，对职工行为的实际效果及其对企业的贡献或价值进行考核和评价。它是企业人事管理的重要内容，更是企业内部控制的手段之一。业绩考核的目的是通过考核提高每个个体的效率，最终实现企业的目标。有效的业绩考核，不仅能确定每位员工对组织的贡献或不足，更能在整体上对人力资源的管理提供决定性的评估资料，从而改善组织的反馈机能，提高员工的工作业绩，激励士气，也可作为公平合理地酬赏员工的依据。考核的要素包括：考核主体、考核目标、考核时间、考核标准。

业绩考核按时间划分，分为定期考核与不定期考核。定期考核的时间可以是一个月、一个季度、半年、一年。不定期考核有两方面的含义，一方面是指组织中对人员的提升所进行的考评，另一方面是指主管对下属的日常行为表现进行记录，发现问题及时解决，同时也为定期考核提供依据。按考核的内容可分为特征导向型、行为导向型、结果导向型三种。特征导向型，考核的重点是员工的个人特质，如诚实度、合作性、沟通能力等，即考量员工是一个怎样的人；行为导向型，考核的重点是员工的工作方式和工作行为，如服务员的微笑和态度，待人接物的方法等，即对工作过程的考量；结果导向型，考核的重点是工作内容和工作质量，如产品的产量和质量、劳动效率等，侧重点是员工完成的工作任务和生产的产品。

业绩考核按内容划分，分为目标考核和职能考核。目标考核是对结果的考核，往往与企业目标管理相结合，对企业目标进行分解落实而得。如对业务员的目标考核是销售额。职能考核是对岗位职责的考核，如业务员除了开发新客户实现销售额外，还需要提交市场分析报告，市场分析报告就是一个职能考核。

业绩考核按考核主体的不同，可分为主管考核、自我考核、同事考核和下属考核。主管考核，指上级主管对下属员工的考核。这种由上而下的考核，由于考核的主体是主管领导，所以能较准确地反映被考核者的实际状况，也能消除被考评者心理上不必要的压力。但有时也会受主管领导的疏忽、偏见、感情等主观因素的影响而产生考核偏差。自我考核，指被考核者本人对自己的工作实绩和行为表现所作的评价。这种方式透明度较高，有利于被考核者在平时自觉地按考核标准约束自己。但最大的问题是有“倾高”现象存在。同事考核，指同事间互相考核。这种方式体现了考核的民主性，但考核结果往往受被考核者的人际关系的影响。下属考核，指下属员工对他们的直接主管领导的考核。一般选择一些有代表性的员工，用比较直接的方法如直接打分法等进行考核，考核结果可以公开或不公开。另外许多企业把顾客也纳入员工业绩考核体系中。在一定情况下，顾客常常是唯一能够在工作现场观察员工业绩的人，此时，他们就成了最好的业绩信息来源。

目前业绩考核中存在的突出问题：

1. 业绩考核定位模糊

所谓考核的定位问题，其实质就是通过业绩考核要解决什么问题，业绩考核工作的管理目标是什么。在现实应用中，许多企业考核定位存在的问题，主要表现在业绩管理体系中考核定位模糊，缺乏明确的目的或对考核目的定位过于狭窄，或者为了考核而考核，使考核流于形式；或者只是为了奖金分配而进行，考核制度甚至等同于奖金分配制度，非常明确地规定某项工作未完成要扣多少钱等惩罚性措施，罚多奖少，使得员工的注意力都集中在如何避免犯“规”被罚，而不是如何努力提高工作业绩上。

2. 考核指标缺乏科学性

选择和确定什么样的业绩指标是考核中一个重要问题，也是比较难以解决的问题。在实践中，很多企业都在追求指标体系的全面和完整。所采用的业绩指标通常一方面是经营指标的完成情况，另一方面是工作态度等一系列因素。包括了安全指标、质量指标、生产指标、设备指标、政工指标等。然而，如何使考核的标准尽可能地量化，并具有可操作性。作为业绩管理，应该抓住关键业绩指标，将员工的行为引向组织的目标方向，太多和太复杂的指标，只能增加管理的难度和降低员工的满意度，影响对员工行为的引导作用。

3. 业绩考核缺乏沟通与反馈机制

业绩考核被当作“机密”，人事考核不公开，加重了职工对考核的不安心理和对人事部门的不信任感，降低了考核对职工指导教育的作用。在许多企业中员工对业绩管理制度缺少了解，自己在工作中存在哪些问题，而这些问题又是由什么原因造成的，应该如何改进等就更无从得知了。

4. 激励与约束的错位

如果单位的业绩考核，激励了个人的不良行为与不当需求，约束了个人的潜在能力与正当需求，必然带来巨大风险，如表2－3所示：

表2－3

主体	目标与价值观	激励	约束
单位	单位与个人不一致	不良行为与不当需求	潜在能力与正当需求
个人	个人与单位不一致	有动力	有抵触

表2－4　激励与约束的优化方案一

主体	目标与价值观	激励（潜在能力与正当需求）	约束（不良行为与不当需求）
单位	单位与个人一致	有动力（单位激励个人）	有抵触（单位约束个人）
个人	个人与单位一致	有动力（自己激励自己）	有自律（自己约束自己）

注：↔表示：单位与个人之间相互促进。

表2－5　激励与约束的优化方案二

主体	目标与价值观	激励（潜在能力与正当需求）	约束（不良行为与不当需求）
单位	单位与个人一致	有动力（单位激励个人）	有抵触（单位约束个人）
个人	个人与单位一致	无动力（自己激励自己）	无自律（自己约束自己）

注：↔表示：单位与个人之间相互促进。

第三章　机关事业单位内部控制新探索

第一节　领导干部的制度意识

习近平总书记在党的十九届四中全会上强调，各级党委和政府以及各级领导干部要切实强化制度意识。我们要深入学习领会这一重要论述，深刻认识领导干部强化制度意识的重要性和紧迫性，切实把我国制度优势转化为治理效能，推进新时代国家治理体系和治理能力现代化建设。

关于领导干部的制度意识，我们从以下新闻进行分析：

“浙江发布”微信公众号2018年12月5日发布了《2018年11月高考英语科目加权赋分情况调查结果》，以下是调查结果主要内容：

11月24日，浙江省高考英语科目成绩公布后，考试成绩和加权赋分方式受到一些学生和家长质疑，引发社会广泛关注。省委、省政府高度重视，省委书记车俊多次召开会议专题研究。12月1日，省委决定成立由省长袁家军任组长，省委常委、省纪委书记、省监委代主任任振鹤任副组长，有关权威专家参与的省政府调查组。12月4日，省委召开常委会听取调查组汇报并专题研究。经调查，此次高考英语科目加权赋分是一起因决策严重错误造成的重大责任事故。

11月高考英语科目考试结束后，省教育厅、省教育考试院收到部分考生及家长关于本次考试难度偏大的反映，遂参照去年同期试题难度，对部分试题进行了加权赋分。

调查组认为，此次高考英语科目加权赋分决策依据不充分、决策严重错误，导致结果不公正、不合理。《浙江省深化高校考试招生制度综合改革试点方案》规定，“语文、数学、外语每门150分，得分计入考生总成绩”。考后加权赋分改变了考试“得分”，不符合上述文件规定。根据教育部门有关规定，评分细则应在正式评卷前制定。本次加权赋分是在正式评卷完成后进行的，不属于评分细则的范畴，省教育厅主要负责人和省教育考试院混淆了加权赋分与评分细则的概念。在具体操作中，省教育考试院又没有进行充分的技术论证，仅作模拟推演，导致不同考生同题加权赋分值存在差别。

决策程序不合规。按照《浙江省重大行政决策程序》规定，重大行政决策应当按程序充分论证、仔细研究、集体决策，但省教育厅主要负责人未能正确履行职责，违反民主集中制原则，不经过集体研究，个人决定了事关全局和稳定的重大问题。省教育考试院有关负责同志在院长办公会议多数人持不同意见的情况下，不坚持原则，违规通过和执行了加权赋分的错误决定。

同时，调查组组织评卷专家对这次英语科目试卷评卷过程和结果进行了严格核查，认为这次英语考试评卷的组织符合高考相关规定，阅卷评分是严格公正的，考生的原始得分合法有效。

按照实事求是、有错必纠、有什么错纠什么错的原则，省政府决定取消这次考试的加权赋分，恢复原始得分。

在听取调查组汇报并专题研究后，省委、省政府决定，依据《中国共产党问责条例》《中华人民共和国监察法》《党政领导干部辞职暂行规定》等规定，对相关职能单位和有关责任人分别追究责任。

省教育厅在高考英语科目加权赋分过程中，履行职责不力，未落实重大事项决策程序，出现严重错误，造成严重社会后果，承担领导责任。责令省教育厅党委向省委作出深刻检查，省教育厅向省政府作出深刻检查，并切实整改，省教育厅党委召开专题民主生活会，严肃开展批评和自我批评；责令省教育厅向社会发布整改措施并正式道歉；对省教育厅履行职责不力问题进行通报。

省教育考试院盲目执行上级领导的错误意见，造成严重社会后果，承担直接责任。责令省教育考试院向省教育厅作出深刻检查；对省教育考试院履行职责不力问题进行通报。省教育考试院党委召开专题民主生活会，严肃开展批评和自我批评。

从以上调查结果可以看出以下几点：一是浙江省委省政府高度重视这一事件，反应迅速，处理得当，及时化解了社会重大问题，避免了社会重大风险的发生。从 11 月 24 号公布成绩，到 12 月 5 日发布调查结果，短短十余天时间，可谓是“迅雷不及掩耳”，果断处置，勇于担当。二是浙江省教育厅领导对于行政机关制度意识的欠缺，对于“高考英语加权赋分”这样重大的决策，居然不遵守内部控制的基本要求，不开展集体讨论民主决策，严重违背了“三重一大决策制度”。三是教育厅领导混淆“加权赋分”与“评分细则”的基本概念，在内部控制制度执行环节，没有进行充分的技术论证，仅作模拟推演，导致不同考生同题加权赋分值存在差别，引发高考分值计算的不公平矛盾。四是教育考试院的领导在多数人持不同意见的情况下，不坚持原则，违规通过和执行了加权赋分的错误决定，内部控制意识非常淡薄，没有充分认知领导责任与直接责任。四是浙江省委省政府对于英语考试的原始得分，进行了评卷过程和结果的严格核查，认为这次英语考试评卷的组织符合高考相关规定，阅卷评分是严格公正的，恢复原始得分，给学生和家长一个清清楚楚的交代。信息的沟通与透明，权威的证明与鉴证，稳定了社会，化解了矛盾。浙江教育厅与教育考试院领导，因不懂内部控制制度，不重视内部控制制度，承担了应有的责任。

制度的生命力在于执行。党员领导干部更要带头学习制度、严格遵守制度、自觉维护制度，努力做执行制度的表率。开展广泛深入的宣传教育，使广大党员干部，特别是领导干部，领会制度精神、熟知制度内容、遵守制度规定。要强化对制度执行情况的监督检查，及时发现和纠正违反制度、破坏制度的行为，建立健全制度执行问责机制，对执行制度不力的坚决追究责任，增强制度的刚性约束力。通过严格教育、严格管理、严格监督，使各级领导干部把制度的刚性要求转变为高度的自律，把外在的强制转变为内在的自觉行动，使坚决执行制度的理念成为领导干部的行为准则、价值观念、道德标准，从而不断提高执行制度的自觉性和坚定性。

第二节 机关作风建设

作风，是指人们在日常工作和生活中表现出来的一贯行为和态度，是人们在长期的工作生活中形成的，具有鲜明的个性特征，是人们世界观的行为表现。作风包括了人们的言谈举止和态度，它体现一个人的知识水平、社会阅历、认知能力与行为能力。作风既有认识问题，更有行为问题。作风是人们世界观、人生观、价值观、权力观和荣辱观的综合体现和反映。

党的作风是党的形象，是观察党群干群关系、人心向背的晴雨表。党的作风如果不纯不正，党的形象就会遭到破坏，党的威望就会遭受损失，党的创造力凝聚力战斗力就会逐渐丧失。“打虎拍蝇”、重拳反腐，在优化政治生态、改进党的作风的同时，也是在不断维护党的形象，巩固党的创造力凝聚力战斗力。要深化改革、转变职能，从体制机制上堵塞滋生不正之风的漏洞，以改革的办法固化作风建设成果。要以法治思维和法治方法抓作风建设，实现作风建设制度化、规范化、常态化。要加强问责，健全监督体系，发挥舆论监督、群众监督作用，形成监督的强大合力。作风建设的核心是保持党同人民群众的血肉联系，是以人民为中心价值取向对党自身提出的道德要求。以习近平同志为核心的党中央把中央八项规定作为加强作风建设的切入点、全面从严治党的突破口，率先垂范、身体力行，较真碰硬，善做善成，开创了全面从严治党新局面，推进中国特色社会主义进入新时代。

机关作风建设，就是根据机关工作性质与职能，开展一系列以提高机关服务能力和服务水平为目的的建设活动。机关作风建设，需要每一个干部的自觉自律，也需要机关内部控制制度的加强与完善。机关作风与单位内部控制制度密不可分，制度设计的科学性合理性与执行的效率性效果性，体现着机关作风的好坏。作风建设最鲜明的导向是领导带头，带头遵守内部控制制度，带头执行内部控制制度，必须以上率下，落到实处，形成良好风尚。人民群众的安全感、满意感、获得感、幸福感，就是机关作风建设的最终目标。

中央纪委监察部网 2017 年 5 月 11 日发布的《北京市通报 3 起侵害群众利益的不正之风和腐败问题》，结合内部控制制度，我们一一进行分析：

1. 西城区体育局国有资产管理科原主任科员周某违规报销个人出租车票问题。周某在任副主任科员、从事出纳工作期间，违规报销个人出租车票 534 张，共计 1.49 万余元。周某受到留党察看一年、行政撤职处分。

公私分明，不仅是做人的基本原则，也是对党员的基本要求，更是内部控制的出发点与归属点。任何单位的财产与经济业务，必须做到公私分明。公款姓公，一分一厘都不能私自占用，若是占用了，迟早会受到惩罚。

2. 昌平区北七家镇南七家庄村原党支部书记、村委会主任范某某违规领取报酬等问题。范某某先后以防汛补助等名义，违规从村集体资金中领取奖金津贴，共计 2.45 万元；两次报销未实际用于公务的汽油费发票共计 4 万元，用于个人消费。范某某受到留党察看一年处分。

一个单位奖金与津贴等报酬必须在国家财务制度的规定标准内发放，其支付流程必须符合财务会计制度规定。必须做到发放有依据，发放有标准，发放有监督，否则就是私分与贪污行为。

3. 通州区宋庄镇港北村党支部原书记张某某等人违规发展党员问题。张某某召开党支部委员会议审查预备党员张某（张某某之子）转正事项，张某某及时任党支部委员江某、孙某某明知张某在预备期内被判处刑罚，仍审查通过。在党支部党员大会讨论中，三人均未汇报张某在预备期内被判处刑罚相关情况，致使大会做出同意张某转正决议。张某某受到撤销党内职务处分，江某、孙某某分别受到党内警告处分。

这是一个决策程序问题。内部控制要求，重大事情必须要集体讨论，必须遵守“三重一大”制度，即“重大事项决策、重要干部任免、重要项目安排、大额资金的使用，必须经集体讨论作出决定”的制度。

中央纪委监察部网 2017 年 5 月 11 日发布的《天津市通报 3 起侵害群众利益的不正之风和腐败问题》，结合内部控制制度，我们一一进行分析：

1. 东丽区无瑕街劳动保障服务中心原主任孟某某侵吞巨额公款等问题。孟某某在担任中心主任兼劳动服务队法定代表人期间，利用职务便利，采取虚假发放工人工资奖金方式，分 9 次侵吞下属企业劳动服务队公款，共计 915 万余元。其还存在为谋取个人不正当利益给予他人巨额钱款、违规报销个人开支等问题。2017 年 4 月，孟某某受到开除党籍、开除公职处分，被移送司法机关处理。

这里涉及资金管理制度、工资奖金发放标准与支付流程以及公私分明的原则。机关事业单位必须有健全的资金管理制度，资金管理制度是针对一个单位筹集资金和使用资金而设计的一系列制度的统称。由于财务管理的对象就是资金，因此，资金管理制度是单位内部财务制度的核心内容。

2. 西青区地方税务局津西税务所原所长董某某侵占单位工作补贴问题。董某某利用职务便利，将某街道办给付本所部分工作补贴据为己有，共计 22 万元。2017 年 2 月，董某某受到开除党籍、开除公职处分，被追究刑事责任，违纪违法所得被追缴。

这也是一个公共资金的分配标准与支付流程问题。补助资金具有专属性，是国家或有关部门或上级部门下拨的具有专门指定用途或特殊用途的资金。这种资金都会要求进行单独核算，专款专用，不能挪作他用。一般来说，专项资金是指财政部门或上级单位拨给行政事业单位，用于完成专项工作或工程，并需要单独报账结算的资金。

3. 宁河区国土资源分局原工作人员冯某窃取侵吞公共财物问题。冯某利用管理单位加油卡职务便利，伙同加油站职工采用加油卡卖油套现方式，窃取公共财物 12.8 万元，个人分得 11.5 万元；为自己车辆加油，侵吞公共财物 8400 元，全部用于个人消费支出。2017 年 3 月，冯某受到开除党籍、开除公职处分，被移送司法机关处理，违纪违法所得被追缴。

这是一个资产管理制度问题。行政事业单位应当对购置、无偿调拨（划转）、接受捐赠、置换以及其他方式新增的国有资产，及时办理验收入库、交接登记手续，并按照行政事业单位会计制度的规定及时进行账务处理；应当对本单位占有、使用的国有资产建立台账、分类明细账和固定资产卡片，每年至少进行一次资产盘点，做到家底清楚，账、卡、实相符。

中央纪委监察部网 2017 年 5 月 17 日发布的《天津市通报 5 起违反中央八项规定精神问题》，结合内部控制制度，我们一一进行分析：

1. 天津市渤海城市规划设计研究院院长郭某某虚开发票、虚增物业费，用于发放福利等问题。经郭某某同意，该院滥发各种实物福利合计 69.47 万余元、购物卡合计 64.45 万元，郭某某个人领取 2.1 万余元；该院设置“小食堂”，用于违规公款接待，产生费用 1.97 万余元。为解决上述费用问题，该院使用虚假发票入账 64.45 万元，虚增物业费套取资金 74.4 万元。2017 年 2 月，郭某某受到党内严重警告、行政记大过处分。

这是一个票据管理制度与收支内部控制制度问题。单位的各种发票、收据由财务部门会计负责，按有关规定登记领购、填制、保管、回收、缴销。银行结算有关票据由财务部门出纳负责，按有关规定登记、领购、填制、保管、回收，建立支票领用登记本。单位的各项收入应当由财务部门归口管理并进行会计核算，业务部门应当在涉及收入的合同协议签订后及时将合同等有关材料提交财会部门作为账务处理依据，确保各项收入应收尽收，及时入账。财会部门应当定期检查收入金额是否与合同约定相符。单位应当建立健全支出内部管理制度，确定单位经济活动的各项支出标准，明确支出报销流程，按照规定办理支出事项。单位应当合理设置岗位，明确有关岗位的职责权限，确保支出申请和内部审批、付款审批和付款执行、业务经办和会计核算等不相容岗位相互分离。

2. 河西区环卫局环卫二队队长高某某违规使用公务用车问题。2016 年 4 月至 6 月间，高某某驾驶单位公车参加聚餐、足疗、洗浴等活动，并违规使用该车上下班、接送家人。2017 年 4 月，高某某受到党内严重警告处分。

这是一个固定资产使用的管理制度问题。单位固定资产的管理和使用应坚持统一政策、统一领导、分级管理、责任到人、物尽其用的原则。单位应确定专人负责固定资产的日常管理工作，包括资产的配置、登记、统计、维护、保管等，并对所管资产的安全完整负有责任。固定资产管理人员应相对稳定，工作调动时必须办理交接手续。

3. 天津市渔业发展服务中心副主任、渔政渔港监督管理处处长马某某违规发放津补贴问题。2015 年 2 月至 2016 年 9 月，该处超标准给 37 名干部发放值班费，共计 13.59 万余元。2015 年 2 月，经马某某批准，该中心及所属 6 个基层单位违规发放奖金，共计 3.98 万余元。2017 年 2 月，马某某受到党内警告处分，该处党总支书记郝某某受到党内警告处分。

这也是一个奖金、补贴的发放标准与支付流程问题。机关事业单位应当对资金使用建立严格的审批制度，明确审批人对资金业务的审批方式、权限、程序、责任和相关控制措施，规定经办人办理资金业务的职责范围和工作要求。对于审批人超越授权范围审批的资金业务，经办人有权拒绝办理，并及时向审批人的上级授权部门报告。未经授权的部门和人员一律不得办理资金业务或直接接触现金。

4. 天津市劳动保障监察总队原总队长张某某违规使用公车问题。2016 年 3 月，张某某安排司机李某向某人力资源开发服务中心借用轿车一辆办私事，发生车辆维修费用 5365 元，经其签字同意，在总队报销。2017 年 3 月，张某某受到党内警告处分。

这也是一个固定资产使用的管理制度问题。财产使用部门应对本部门使用的固定资产进行管理，建立固定资产使用登记簿，落实责任人，及时向财产管理部门反映固定资产的使用情况，并做好日常保管维护工作。使用部门有关人员发生变动时，应及时办理固定资产移交。财产管理部门应建立健全固定资产使用、保管和财产领用登记制度；使用“管理系统”记录固定资产卡片，统计生成“固定资产登记簿”和报表；定期或不定期的保养、检修和维护固定资产；组织对固定资产的清查。

5. 天津天维移动通讯终端检测有限公司法定代表人马某虚开发票套取资金用于发放奖金问题。2015 年 12 月，该公司虚开 9.9 万元培训费发票，经马某签字报销后，作为奖金发放给有关员工。马某还存在其他违纪问题。2017 年 3 月，马某受到行政记过处分。

这也是一个票据管理制度问题。使用票据收费必须两上以上，一人开票，一人收款，票证按顺序号填写，单位票据经管人员要妥善保管各类发票，绝对禁止将本单位发票借给他人使用或代人开票，一经发现，从严处罚。各单位记账员对领入的各类票据的填制及所用范围要监督把关，出现问题一律由记账员全权负责。

第三节　党建工作与内控制度

中国特色社会主义进入新时代，打铁必须自身硬。党的十九大明确了新时代党的建设总要求和战略部署，确立了建设“始终走在时代前列、人民衷心拥护、勇于自我革命、经得起各种风浪考验、朝气蓬勃的马克思主义执政党”的宏伟蓝图。全面推进党的政治建设、思想建设、组织建设、作风建设、纪律建设、制度建设，是我们坚持和加强党的全面领导，坚持党要管党、全面从严治党必须抓好的六大系统工程，也是加强党的执政能力建设、先进性和纯洁性建设的基本要求和具体途径。内部控制制度，是国家机关、社会团体、企事业单位，为了维护正常的工作与学习秩序，保证国家各项政策的顺利执行和各项工作的正常开展，依照法律、法令、政策而制订的具有指导性与约束力的应用文，是各种行政法规、章程、制度、公约的总称。其特点是具有指导性和约束性、鞭策性和激励性、规范性和程序性。

2012 年 11 月 29 日，财政部印发了《行政事业单位内部控制规范（试行）》财会〔2012〕21 号（以下简称《规范》）。该《规范》分总则、风险评估和控制方法、单位层面内部控制、业务层面内部控制、评价与监督、附则 6 章六十五条，自 2014 年 1 月 1 日起施行。其中，第七条要求：单位应当根据本规范建立适合本单位实际情况的内部控制体系，并组织实施。具体工作包括梳理单位各类经济活动的业务流程，明确业务环节，系统分析经济活动风险，确定风险点，选择风险应对策略，在此基础上根据国家有关规定建立健全单位各项内部管理制度并督促相关工作人员认真执行。其中，第十二条要求：单位内部控制的控制方法一般包括：不相容岗位相互分离。合理设置内部控制关键岗位，明确划分职责权限，实施相应的分离措施，形成相互制约、相互监督的工作机制；内部授权审批控制。明确各岗位办理业务和事项的权限范围、审批程序和相关责任，建立重大事项集体决策和会签制度。相关工作人员应当在授权范围内行使职权、办理业务；信息内部公开。建立健全经济活动相关信息内部公开制度，根据国家有关规定和单位的实际情况，确定信息内部公开的内容、范围、方式和程序。第十四条要求：单位经济活动的决策、执行和监督应当相互分离。单位应当建立健全集体研究、专家论证和技术咨询相结合的议事决策机制。重大经济事项的内部决策，应当由单位领导班子集体研究决定。重大经济事项的认定标准应当根据有关规定和本单位实际情况确定，一经确定，不得随意变更。第六十条要求：单位应当建立健全内部监督制度，明确各相关部门或岗位在内部监督中的职责权限，规定内部监督的程序和要求，对内部控制建立与实施情况进行内部监督检查和自我评价。内部监督应当与内部控制的建立和实施保持相对独立。第六十一条要求：内部审计部门或岗位应当定期或不定期检查单位内部管理制度和机制的建立与执行情况，以及内部控制关键岗位及人员的设置情况等，及时发现内部控制存在的问题并提出改进建议。第六十二条要求：单位应当根据本单位实际情况确定内部监督检查的方法、范围和频率。第六十三条要求：单位负责人应当指定专门部门或专人负责对单位内部控制的有效性进行评价并出具单位内部控制自我评价报告。

2015 年 12 月 21 日，财政部印发《关于全面推进行政事业单位内部控制建设的指导意见》财会〔2015〕24 号（以下简称《意见》）。该《意见》分总体要求、主要任务、保障措施三个部分。主要任务是：健全内部控制体系，强化内部流程控制；加强内部权力制衡，规范内部权力运行；建立内控报告制度，促进内控信息公开；加强监督检查工作，加大考评问责力度。明确要求：加强内部权力制衡，规范内部权力运行。分事行权、分岗设权、分级授权和定期轮岗，是制约权力运行、加强内部控制的基本要求和有效措施。单位应当根据自身的业务性质、业务范围、管理架构，按照决策、执行、监督相互分离、相互制衡的要求，科学设置内设机构、管理层级、岗位职责权限、权力运行规程，切实做到分事行权、分岗设权、分级授权，并定期轮岗。分事行权，就是对经济和业务活动的决策、执行、监督，必须明确分工、相互分离、分别行权，防止职责混淆、权限交叉；分岗设权，就是对涉及经济和业务活动的相关岗位，必须依职定岗、分岗定权、权责明确，防止岗位职责不清、设权界限混乱；分级授权，就是对各管理层级和各工作岗位，必须依法依规分别授权，明确授权范围、授权对象、授权期限、授权与行权责任、一般授权与特殊授权界限，防止授权不当、越权办事。同时，对重点领域的关键岗位，在健全岗位设置、规范岗位管理、加强岗位胜任能力评估的基础上，通过明确轮岗范围、轮岗条件、轮岗周期、交接流程、责任追溯等要求，建立干部交流和定期轮岗制度，不具备轮岗条件的单位应当采用专项审计等控制措施。对轮岗后发现原工作岗位存在失职或违法违纪行为的，应当按国家有关规定追责。

财政部关于印发《行政事业单位内部控制报告管理制度（试行）》的通知(2017 年 1 月 25 日财会〔2017〕1 号)，其中第六条要求：行政事业单位应当根据本制度，结合本单位内部控制建立与实施的实际情况，明确相关内设机构、管理层级及岗位的职责权限，按照规定的方法、程序和要求，有序开展内部控制报告的编制、审核、报送、分析使用等工作。第七条要求：内部控制报告编报工作按照“统一部署、分级负责、逐级汇总、单向报送”的方式，由财政部统一部署，各地区、各垂直管理部门分级组织实施并以自下而上的方式逐级汇总，非垂直管理部门向同级财政部门报送，各行政事业单位按照行政管理关系向上级行政主管部门单向报送。第二十条要求：行政事业单位应当加强对本单位内部控制报告的使用，通过对内部控制报告中反映的信息进行分析，及时发现内部控制建设工作中存在的问题，进一步健全制度，提高执行力，完善监督措施，确保内部控制有效实施。第二十一条要求：各地区、各部门应当加强对行政事业单位内部控制报告的分析，强化分析结果的反馈和使用，切实规范和改进财政财务管理，更好发挥对行政事业单位内部控制建设的促进和监督作用。

至此，行政机关事业单位的内部控制规范全面建立起来，并且具有完整的实施办法。

党建工作与行政事业单位内部控制密切相关，党建工作引导与指导行政事业单位内部控制制度建设，内部控制制度的健全与有效实施，有助于党的政治建设、思想建设、组织建设、作风建设、纪律建设与制度建设。

每一个单位的内部控制制度，都要从自己单位的实际出发，实事求是地制定符合本单位实际情况地内部控制措施、方法与流程；每一个单位的内部控制制度，需要每一个员工自觉执行，内部控制，人人有责；每一个单位的内部控制制度，并不是一成不变、一劳永逸。内部控制制度需要在不断变化的环境与目标中，不断更新、完善与优化。因此，内部控制的自我审计评价制度尤为重要。内部控制的缺陷，需要自我发现，自我批评，自我改造，自我完善。由此可见，党的三大优良作风，理论与实际相结合的作风、与人民群众紧密地联系在一起的作风以及批评与自我批评的作风，不仅是引领党的建设工作，更引领了行政事业单位内部控制制度。单位内部控制制度的全面有效实施，是贯彻党建工作的有力措施。

党建工作与内部控制制度的关系，如图 3－1 所示：

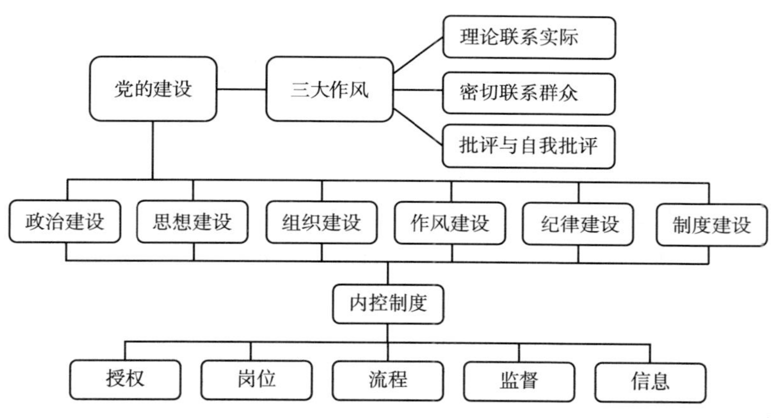

图 3－1　党建工作与内部控制制度建设的关系

第四节　团结紧张严肃活泼

“团结、紧张、严肃、活泼”的标语经常出现在我们的小学、中学、大学校园的墙上，特别是我们“60 后”，对此极为熟悉。但是，在中小学时期，我根本不能真正理解这八个字的含义，长大后才知道，“团结、紧张、严肃、活泼”，是毛泽东为中国人民抗日军政大学制定的校训，与“抗大”的教育方针

（坚定正确的政治方向，艰苦朴素的工作作风，灵活机动的战略战术）相结合，称为“抗大”作风。今天，我从内部控制的角度，谈谈自己的认识。

首先谈“团结”。“人心齐，泰山移。”团结是组织力量的源泉，使组织中个性不同、能力各有所长的人凝聚成巨大的组织能量。团结可以使目标一致，风雨同舟。团结使组织力出一孔，利出一孔，并形成超强的组织战斗力。一个组织如何实现高度团结？一是共同的使命与目标。只有在共同使命与目标层次上的团结，才是持久而牢不可破的团结，如果组织成员目标追求各异，难以形成组织凝聚力，或者基于单一利益导向的团结都是短暂和不牢固的。团结是组织能力建设的第一要素，领导班子要团结，干部队伍要团结，干部群众要团结。共同的使命与目标，是每一个人从内心的真诚认可与积极追求。二是组织成员之间的相互信任与沟通。没有信任就没有团结，没有沟通就无法信任。组织成员之间的信任，可以减少猜想与怀疑，彼此才能精诚团结与合作。组织内部之间的及时有效沟通，可以减少信息壁垒与误解。组织内部的冲突与矛盾，大部分来自误解，而误解的产生在于沟通不畅。三是求同存异、优势互补、开放合作。团结并不等于不尊重个性，不允许有不同意见和看法。可以发表不同意见，但一旦作出决策，就应放弃个人意见和主张，坚决执行。团队力量来自于群体的智慧，来自团队成员个性与能力的互补，形成互补性领导团队。没有完美的个人，只有互补性的完美团队。团队力量的基础是“挥洒个性、发挥优势、相互赋能、长短互补”。个人的能力和力量都是有限的，如果组织的命运系于一个人身上，没有团队的合作，没有群体的智慧，没有团结的力量，使命与目标就无法实现。

其次谈“紧张”。此“紧张”非彼“紧张”。这里的紧张就是工作的奋斗与激情，拼搏与战斗。懈怠、懒散，松松垮垮，是无法实现组织目标的。紧张来自危机，来自压力，来自竞争。如何让每一位干部群众紧张起来？一是来自外部的压力。每一位党员干部都要敏锐感知外部风险对本单位、本部门、本岗位带来的威胁，感知风险，识别风险，防范风险。开展“不忘初心、牢记使命”主题教育，增强风险意识；聚焦底线思维，防范化解党的建设领域重大风险；聚焦社会治理，防范化解基层治理风险；聚集巡视工作，防范腐败风险，使组织永葆青春战斗力。二是来自内部的绩效考核。绩效目标设定，工作任务饱满，激动人心，催生激情。组织内部，比学赶帮；树优秀典型，立先进标杆。让落后者紧张，以优秀分子倒逼和牵引团队成员共同奋斗。达标考核，相互激励；达标考核，奖惩分明；达标考核，优胜劣汰。严格的问责机制，违规违纪的高成本代价，必将使每一个人紧张起来。

再次谈“严肃”。严肃就是组织纪律严明，组织运行有序，规范高效执行。严肃体现在组织成员对信念的坚守与价值观的践行，对流程和制度的尊重与敬畏，对组织目标与绩效达成的庄严承诺，对团队的共识与规则的遵守。1947 年 10 月 10 日，毛泽东起草了《中国人民解放军总部关于重新颁布三大纪律八项注意的训令》，又称《双十训令》。1961 年 1 月 27 日中共中央下发了“党政干部三大纪律、八项注意”。2012 年 12 月 4 日，习近平总书记主持召开中共中央政治局会议，审议通过了中央政治局关于改进工作作风、密切联系群众的“八项规定”。这些简洁易行的规定，成为贯彻中国共产党的路线、方针、政策和完成各项任务的重要保证，也是中国共产党组织百年不衰的根基。如何做到严肃？一是敬畏制度。敬畏之心是构建组织的根基。人无敬畏，内心就会失去自我约束而放纵，就会失去底线而为所欲为。制度面前人人平等，任何个人不能超越组织与制度之上。有敬畏之心就会自我约束自我控制，让欲望能有序释放而不失控。对于领导干部而言，制定制度规则容易，但从自我做起，坚定不移地执行，很难。规则与制度一旦制定出来，就要严格执行，尤其是领导干部要率先成为制度的遵守者，不能变成制度的破坏者。二是实事求是。实事求是指从实际对象出发，探求事物的内部联系及其发展的规律性，认识事物的本质，通常指按照事物的实际情况办事。毛泽东在《改造我们的学习》中指出：“实事”就是客观存在着的一切事物，“是”就是客观事物的内部联系，即规律性，“求”就是我们去研究。毛泽东认为，“是”就是事物的规律，“求是’就是认真追求、研究事物的发展规律，找出周围事物的内部联系，作为我们工作的向导。习近平总书记指出：“实事求是，是马克思主义的根本观点，是中国共产党人认识世界、改造世界的根本要求，是我们党的基本思想方法、工作方法、领导方法。”严肃就是实事求是，尊重数据和事实，不搞形式主义。三是严谨认真。严肃就是专注、认真、负责地做好每一件事，就是精益求精的工匠精神。高标准严要求，谨慎行事。严肃来自于认真对待每一件事，认真对待每一个工作细节，认真对待每一个人。

最后谈“活泼”。活泼就是让组织充满激情和活力，活泼就是创造力。活泼就是要让每一个人激情四射，不呆板、不僵化。组织的活力与创造力来源：一是要信任并能授权于人。授权管理是内部控制的重要因素。授权就是信任，授权就是下放管理，充分尊重被授权人，使被授权人的激情、能力与潜力充分发挥出来。“放管服”改革就是“活泼”的体现。“放管服”改革旨在推动政府职能深刻转变，使市场在资源配置中起决定性作用和更好发挥政府作用，向市场放权、给企业松绑、让百姓受益，有效激发市场活力、发展动力和社会创造力。二是要尊重个性，释放人的天性，激发人的内在潜能。要让组织具有活力和创新，就要尊重人的个性，让人有兴趣、有专长去工作。三是组织要开放包容，用人不求全责备。只有开放包容，才能海纳百川，聚天下英才为我所用，只有构建开放包容的组织文化，不同人才才能融合。因此团队合作就非常重要。“男女搭配”，注意思维互补，充分发挥男同志的逻辑思维能力和女同志的发散思维能力，多角度发现问题，多维立体思考问题，可以极大提高工作质量和工作效率。“长幼搭配”，年长的人，见多识广，沉着冷静，经验丰富；年轻人，激情满怀，精力充沛，技术过硬。各取所长，发挥优势，形成合力。团队合作要注重协调、磨合与沟通，强化相互补台而非相互拆台，注重性格特征、处事方式、工作方法、业务特长等方面的合理搭配，团队成员之间要相互理解、宽容与包容，理解不同人员看问题的角度，学会从不同角度看问题。

任何组织能做到团结、紧张、严肃、活泼，这个组织一定有活力、有战斗力、有创造力，一定会赢得人心，因而所向无敌。毛泽东创造性提出的看似矛盾、又辩证统一的八个大字，内涵之丰富、道理之深刻、意义之深远，超越了所有的组织管理理论。

下面我们以郎平与中国女排的故事，研究学习“团结、紧张、严肃、活泼”的灵活使用。

1. 使命感增强了“团结”

以下经典话语是郎平对中国女排队员的训话：“为国争光是我们的义务和我们的使命。”“只要穿上带有中国的球衣，就是代表祖国出征。每一次比赛，我们的目标都是升国旗，奏国歌！”“今天赛前我们提出要求，发球要有使命感，你的发球是对队友拦防创造机会，不要怕失误就显得很保守，要去冲击对手！”“升国旗，奏国歌！”短短六个字，铿锵有力，言简意赅，一下子就点燃了女排姑娘们的骄傲和信心。不仅如此，郎平对运动员的每一举一动，都注入了使命感。她说："今天赛前我们提出要求，发球要有使命感，你的发球是对队友拦防创造机会，不要怕失误就显得很保守，要去冲击对手！"一支有使命感的队伍，才能团结一致。2019 年 9 月 18 日中国女排刚打完比赛，郎平问队员们："今天是什么日子？"队员们异口同声回答："9.18 国难日！"郎平说："好了，明天和日本队比赛，你们都知道应该怎么打了。"郎平恰到好处的激将法，使队员在共同使命中，迅速地团结起来。

2. 女排精神体现了"紧张"

有人曾经问郎平，女排精神是什么？郎平说："女排精神不是赢得冠军，而是有时候知道不会赢，也竭尽全力！是你一路虽走得摇摇晃晃，但站起来抖抖身上的尘土，依旧眼中坚定。只要你打不死我，我就和你咬到底"。成功是一点点的积累和拼搏，要顽强、坚韧、沉得住气、战胜自己！中国女排的冠军之路不是那么平凡，球要一分一分的打，每局都会面临一个个困难，经常会遭遇不确定性。如果一味强调赢得冠军，就容易患得患失，一旦输了，就会一蹶不振。郎平还强调心定："我们还是要一场场拼，遇到困难心里要定！"她同样也要求自己沉得住气。正因为有了这样胜不骄、败不馁的教练，女排姑娘们就有了主心骨，往往能在逆境中，实现大逆转，转败为胜！"紧张"来自于外部的竞争压力，"紧张"体现在拼搏奋斗与众志成城，"紧张"体现在内心的淡定与从容。

3. 专业技术必须"严肃"

里约奥运会上，中国女排艰难战胜巴西后，郎平说："不要因为我们赢了一场，就谈女排精神，也要看到我们努力的过程。女排精神一直在，单靠精神不能赢球，还必须技术过硬。"意志品质不能解决所有的问题，球赛暂停时，郎平指点的是技术细节，并非是在"打鸡血"。她经历过女排给全民打"强心针"的年代，但是自己主动从"精神"中走出，让体育回归到体育本身该有的技术话题。靠"打鸡血"靠精神都不能赢球，必须靠技术！一个组织，需要有共同的使命与精神，更需要有精湛的专业技术，严肃认真的精益求精。

4. 充分授权保证了"活泼"

2013 年 4 月，国家体育总局邀请郎平出山之时，提前半年就与郎平商谈。郎平要求必须保证她对女排选人用人的绝对话语权、搭建复合型教练团队、打造女排大国家队模式、甚至改变国内职业联赛规则等。最终国家体育总局答应所有条件，总局只能提供经费、场地，协调队员入队。干事业要像郎平那样：让我干就一个条件，一切由我说了算。你可以在旁边监督、看结果，不行也可换人，但不能插手乱干预。在全权授权的情况下，郎平的激情与潜力得以充分发挥出来，个人的活力与才华得以充分体现。

5. 团队合作实现了“活泼”

郎平在充分授权下组建了复合型团队，即由主教练、助理教练、陪打教练、医生、康复师、体能师、营养师、科研、信息研究、数据统计等专业人才组成。郎平组建的女排中，主力阵容不再局限在六七个队员之中不变。每个人都是主力，同时又都是替补，替补与主力之间界限模糊。郎平集训，常给出30人超大名单，联赛中表现优异的年轻球员几乎都得到了机会。于是，国家队聚集了很多不同技术特点的球员，战术选择也随之丰富起来。面对不同对手，郎平可以根据不同队员特点，摆出不同阵容，在同一位置上也常采用不同的队员组合，12个女排队员几乎都发挥出自己的长处。尊重个性，释放天性，开放包容，海纳百川，团队合作，生动活泼。

6. 女排的风采展现了“活泼”

郎平则借鉴美式思维，不让队员在严格的训练比赛氛围下太过压抑自己，对女排的管理充满人情味。郎平平时鼓励队员展示个性，朋友圈中的女排队员经常靓丽出镜；在国外比赛后，允许队员们去逛街购物，整个球队气氛轻松融洽；在女排颁奖仪式上，获得冠军的中国女排姑娘等着登上领奖台，把一条腿先放到领奖台上，一边抖一边等待宣布冠军，笑翻全场。获胜之后在大巴车上，更是集体唱起了“最炫民族风”。许多网友纷纷感叹：没想到你们是这样“魔性”的中国女排……女排队员，从方方面面展现出活泼可爱的冠军形象。

从以上分析，我们认为，与其把中国女排看成一支传统的球队，不如把它看成一支渗透入现代内控管理的组织；与其把郎平看成一个教练员，倒不如把她看成一个优秀的管理者。

组织的凝聚力、战斗力、创造力、活力来自哪里？如何打造一支能持续打胜仗的高绩效铁军？始终充满效率、活力和战斗力的高绩效组织特征是什么？纵览人类历史上所有组织的内部控制和管理智慧，就是毛泽东主席在1937年为延安抗日军政大学所提校训“团结，紧张，严肃，活泼”。这八个字，切中要害，高度凝练，形象生动，振奋人心。

第五节　廉政风险防范

廉政，一般是指政府工作人员在履行其职能时不以权谋私，办事公正廉洁。廉政风险是指党员干部在执行公务或日常生活中发生腐败行为的可能性。主要是指公务人员凭借所拥有的公共权力，在执行公务过程中或日常生活中出现谋求私利等腐败行为的可能性。腐败，一般是指物质腐烂变质，引申义是指，凡是事物由健康正常状态向着腐朽、败落状态转变都称之为腐败。从社会学角度看，凡是思想上的堕落，居官恃权弄法，生活方式的奢靡，社会风气的颓废，言行不符合社会公德和法律规定等都是腐败。随着社会的发展，腐败的意义，更侧重于政治方面，凡是利用公共权力谋取非法私利就是腐败。

廉政风险主要有思想道德风险、岗位职责风险和制度机制风险。

思想道德风险主要表现为：理想信念动摇，放松世界观改造；不思进取，得过且过，软弱涣散；漠视群众，脱离实际，形式主义，官僚主义；弄虚作假，虚报浮夸，铺张浪费；贪图享受，阳奉阴违；以权谋私，骄奢淫逸等。

岗位职责风险主要表现为：在授权范围内，岗位履职不到位，或者越位现象。违反民主集中制原则，独断专行，我行我素；失职渎职，软弱放任，不作为或乱作为；利用职务上的便利谋取私利，滥用职权等。具体表现在执纪执法、行政许可、行政处罚、项目审批、人事管理、财务管理等权力使用方面的风险。

制度机制风险主要表现为：制度设计不科学、不合理、不全面，部分制度可操作性不强，部分制度之间缺乏相互支撑；制度贯彻落实不到位，执行不力；制度相互内部的约束力和监督力作用不明显。

行政事业单位的特点：（1）使用公共资金提供公共服务；（2）业务活动与经济活动密不可分；（3）相关利益群体非常广泛；（4）社会民主进程飞速发展。由于行政事业单位服务的对象是社会公众，社会公众对于服务意识与服务水平都在不断提升，从而加大了行政事业单位的服务风险。同时，由于行政事业单位的资金运作，既体现在业务活动中，也体现在经济活动中，两者密不可分。业务风险与经济风险合二为一。所以，从某种意义上来看，行政事业单位的风险比一般企业的风险更大更复杂。

行政事业单位主要风险，包括来自内部与外部的各种表现，大致分类如下：

（1）法律法规风险（行政违纪违规违法带来的风险）；（2）信息沟通风险（信息披露与社会舆论带来的风险）；（3）资金使用风险（资金使用不当带来的各种风险）；（4）财产使用风险（公车使用与房屋租赁等资产使用不当带来的风险）；（5）公共服务风险（行政办事效率与效果带来的风险）；（6）公务接待风险（违规接待带来的风险）；（7）政绩考核风险（各种考核指标带来的风险）；（8）职责分工风险（职责不明确与衔接不到位带来的风险）；（9）利益矛盾风险（眼前利益、部门利益与个人利益等带来的风险）；（10）环境变化风险（突发事件、人事调整、政策变动等因素带来的风险）。

行政事业单位的内部控制风险，主要集中在两个领域：资产管理与资金管理。资金管理风险点主要表现在：（1）没有认真执行年初财务预算，可能导致开支不合规，出现违纪违规现象。（2）在大额资金的使用上，未经集体讨论，没有遵守“三重一大”决策制度，导致资金使用不当，出现违纪违规现象。（3）各种票据缺乏严格管理，导致票据在使用中出现违反财务制度规定的现象，造成不良后果。资产管理风险点主要表现在：（1）资产管理不严格，财务部的账簿记录与资产管理部门以及资产使用部门的账簿记录，由于部门之间的对接出现漏洞，容易出现资产丢失、损失浪费、挪用等现象。（2）执法机关的暂扣物品，管理不严格，出现差错，可能导致物品损毁、丢失、侵占、挪用或私分，造成不廉洁行为。

风险防范的基本措施：（1）认真执行财务预算，避免不合理开支，规范操作、规范执行。（2）严格执行各项财务会计制度，坚决杜绝“小金库”现象，拒绝违纪违规报销行为。（3）强化票据管理工作，严格遵守票据管理相关制度。（4）在重大财物的管理使用上，在大额资金的使用上，要经集体讨论，坚持“三重一大”基本原则，重要财务收支，由党委班子集体讨论决定。（5）各项资产的日常管理，必须做到序时登记，及时核对，定期检查。各部门要协调统一，加强控制。

廉政风险的防范措施，一般是行政事业单位自己作为行为主体，在事前、事中与事后三个环节发挥作用。贪官接受审查时，声泪俱下写的忏悔书，往往都是“八股文”式的，表现为人生的“四个阶段”与“三个对不起”。“四个阶段”就是艰辛的童年、奋斗的青年、放松的中年、问题的老年，“三个对不起”就是对不起党、对不起父母、对不起家庭。这样的忏悔书，对国家、对社会没有任何价值。对于廉政风险防范，浙江省纪委进行了积极有益的探索创新。据浙江日报2019年7月28日《浙江一体推进不敢腐不能腐不想腐》描述："特别"整改建议查漏补缺。在推进"不能腐"的时候吸收"不敢腐"和"不想腐"的有效做法，引导被审查调查对象，从自身腐化堕落的轨迹中查找制度原因，提出针对性整改建议，也是浙江省近年来一体推进"三不"机制建设的一项探索。翻开浙江机场集团原党委委员、副总经理金某的忏悔书，有一块内容十分"特别"——针对省发改委、经信委、科技厅等多家省级机关和省机场集团的党风廉政建设，金某提了整整五个方面建议，涉及对财政资金的监管、对干部的管理、招投标制度改革等多项具体事务。省纪委省监委将这份建议发函至省发改委后，该单位马上进行了认真研究，查漏补缺，并在24天后将整改落实情况向省纪委省监委作了报告。据了解，由被审查调查对象提出对原单位的整改建议并非个案。嘉兴市委原常委、嘉兴经济技术开发区党工委原书记何某某在接受组织审查调查后，也对开发区管理中存在的问题进行了梳理，并提出了解决对策，形成了一份9300余字的书面建议材料。浙江省纪委的这一做法，不仅是大胆创新，关键是在防范廉政风险，健全内部控制制度环节，发挥了重要作用，弥补了内部控制的缺陷，健全了内部控制机制。因为，贪官既然做成了贪事，他最清楚所在单位内部控制制度的漏洞与流程缺陷，让贪官指出漏洞与缺陷并提出建议，再合适不过了，真可谓是"解铃还须系铃人"。浙江省委省政府，积极探索，勇于创新，干在实处，走在了前列。浙江省纪委通过贪官的忏悔行为，开创了一个新的做法，通过纪委倒逼行为主体，从事后防范转化为事前防范，既创新又务实。

下面我们再来看看个人的廉政风险防范措施。

我的一位李姓朋友，在某省直机关担任副局长，主管基建工作，这个领域可是高风险的。若干年前的一天，李副局长的一个要好朋友，给他电话说有个自家亲戚张姓老板承包的基建工程，涉及他主管的项目，希望和他见面谈谈具体价格的事情，李副局长碍于面子，答应第二天在办公室见面。第二天，张老板如约来到李副局长的办公室，刚坐下来没几分钟，张老板打开了自己带来的一个大包，打开拉链给李副局长看，里面全是钞票。李副局长还没有反应过来，张老板已经跑出了办公室，李副局长拿起包紧追到电梯口，可是张老板早已跑下去了。李副局长无奈又尴尬，站在走廊的电梯口，不知所措。后来，他拿着那个包，坚定地走向机关的纪检部门，如实反映了这一突发情况，并且把那些钞票原封不动地交给了纪委。事后我向他咨询，当时是怎么想的。他说，一个领导干部，不仅要有极强的自律意识，更要有务实可行的控制措施。一语惊醒梦中人，怀着好奇，我约李副局长长谈了一次。李副局长告诉我：王老师您每次来讲课，我都非常认真学习，每次听课我都坐在第一排。这时我想起，特别是学习内部控制与内部审计时，他格外认真。他说，学习使人进步，学习使人自律，学习使人成熟。理论联系实际，学以致用，知行合一。由于主管基建工作，本来这个领域就是高风险，更要增强意识，加强风险防范。他归纳了自己风险防范的几条关键措施：一是每天自己登记日记账。把每天发生的重要事情，特别是有重要钱财的事情，都详细记录在自己的日记账上，详细反映人物、时间、地点、结果等情况。二是平行登记。他学习借鉴了会计平行登记的方法，让他的下属针对相同的事情也进行日记账的登记工作，上下级之间相互证明，留下证据，保护自己。三是保险柜。李副局长买个保险柜，放在家里，把自己记录的日记账和一些重要的原始单据，都放在保险柜里，每份资料让他爱人都复印三份，以备将来可能的检查工作，保险柜的钥匙让爱人妥善保管。四是拒绝贿赂。凡是发生的各种行贿行为，他都及时拒绝。不能及时退还的钱物，就及时送交纪检监察部门。由于李副局长的廉洁自律，后来委以重任，到更大的舞台发挥更大的作用，再后来，平安退休，颐养天年。由此可见，领导干部的廉政风险防范，不仅需要风险防范意识，更要有风险防范措施，最根本的还是要有高度的自律行为。

第六节　绩效管理

一、概念解析

现代汉语词典的解释：“绩效”就是成绩、成效。“成绩”是指：工作或学习的收获，强调对工作或学习结果的主观评价。“成效”是指：功效、效果，强调工作或学习所造成的客观后果及影响。随着西方国家新公共管理运动的兴起，出现了公共绩效管理。以美国为例看绩效管理的发展变化：1993 年美国国会《政府绩效与结果法案》（Government Performance and Results Act，GPRA），副总统戈尔领导国家绩效审查委员会（National Performance Review，NPR）。1993 年，美国政府发表了全国绩效评估报告，以“顾客至上”为宗旨，“倾听顾客的声音——让顾客作出选择”。1993 年，美国总统克林顿签署《设立顾客标准》行政令。1994 年，美国国家绩效评估委员会出版《顾客至上：为美国人民服务的标准》。2002 年，美国管理与预算委员会（Office of Management and Budget，OMB）为五个跨部门的政府职能开发出统一的评价指标。2004 年，美国审计总署更名为政府问责办公室（Government Accountability Office，GAO），开展政府绩效评价并公布结果。2009 年，奥巴马政府设立“首席绩效官”（Chief Performance Officer，CPO）。

“绩效”不单单是一个经济范畴，还具有伦理、政治的意义。“绩效”不仅仅要求数量指标，更要重视质量品位。“绩效”的具体表现有经济性、效率性、效果性、公平性与环保性。经济性，就是少花钱；效率性，就是多办事；效果性，就是办好事；公平性的含义比较丰富：一是收入与贡献相对应，贡献大收入多；二是人人有份；三是收入差距小。环保性，就是要保护资源、保护环境。

公共绩效管理是指：公共部门在积极履行公共责任的过程中，在讲求内部管理与外部效应、数量与质量、经济因素与伦理政治因素、刚性规范与柔性机制相统一的基础上，使公共产出最大化。公共绩效管理目标：公众利益至上的价值导向，公共政策与公共管理为公众利益服务；提高政府公信力，建设人民满意政府；增强政府号召力和社会公众凝聚力；提高公务员的组织认同感和忠诚度。

单位绩效管理是指：管理者与员工之间就目标与如何实现目标上达成共识的基础上，通过激励和帮助员工取得优异绩效从而实现组织目标的管理方法。绩效管理的目的在于通过激发员工的工作热情和提高员工的能力和素质，达到实现单位的管理目标。

绩效管理所涵盖的内容很多，它所要解决的问题主要包括：如何确定有效的目标？如何使目标在管理者与员工之间达成共识？如何引导员工朝着正确的目标发展？如何对实现目标的过程进行监控？如何对实现的业绩进行评价和对目标业绩进行改进？绩效管理，不仅是一种结果，更是一种过程，即用什么样的行为来完成。绩效管理具有前瞻性，有效规划单位与员工的未来发展，绩效管理有完善的计划、监督和控制的手段方法，绩效管理注重能力培养，绩效管理能建立起领导与员工之间的合作伙伴关系，绩效管理是一个完整的系统。因此，绩效考核只是绩效管理的一个环节。

二、预算绩效管理

1. 预算的类型

预算按照主体划分有政府预算与单位预算之分。预算按照内容不同，可以分为业务预算（即经营预算）、专门预算、财务预算。预算按照覆盖的时间长短划分，可以分为长期预算和短期预算。

政府预算是经法定程序审核批准的国家年度集中性财政收支计划。它规定国家财政收入的来源和数量、财政支出的各项用途和数量，反映着整个国家政策、政府活动的范围和方向。单位预算指单位在未来的一定时期内经营、资本、财务等各方面的收入、支出、现金流的总体计划。它将各种经济活动用货币的形式表现出来。每一个责任中心都有一个预算，它是为执行本中心的任务和完成财务目标所需各种资财的财务计划。

业务预算是指与单位日常经营活动直接相关的经营业务的各种预算。包括销售预算、生产预算、材料采购预算、直接材料消耗预算、直接人工预算、制造费用预算、产品生产成本预算、经营费用和管理费用预算等。专门预算指单位不经常发生的、一次性的重要决策预算。如资本支出预算。财务预算指单位在计划期内反映有关预计现金收支、财务状况和经营成果的预算。包括现金预算、预计利润表和预计资产负债表等内容。

各种预算是一个有机联系的整体。一般将由业务预算、专门预算和财务预算组成的预算体系，又可称为全面预算体系。

2. 预算的特征

预算就是用数字编制未来某一个时期的计划，也就是用财务数字（财务预算和投资预算中）或非财务数字（在业务预算中）来表明预计的结果。预算作为一种数量化的详细计划，它是对未来活动的细致、周密安排，是未来经营活动的依据，数量化和可执行性是预算最主要的特征。因此，预算是一种可以据以执行和控制经济活动的、最为具体的计划，是对目标的具体化，是将企业活动导向预定目标的有力工具，预算必须与组织的战略或目标保持高度一致。

预算实际上是一种控制手段。编制预算实际上就是控制，控制过程的第一步：制定控制标准。控制过程的第二步：寻找偏差。由于预算是以数量化的方式来表明管理工作的标准，因而，预算本身就具有可考核性，有利于根据标准来评定工作成效，找出差距，并采取纠正措施。控制过程的第三步：改进完善。预算最大价值还在于它对改进协调和控制的贡献。编制预算能使确定目标和拟定标准的计划工作得到改进，当组织的各个职能部门都制定了预算时，就为协调组织的活动提供了基础。同时，由于对预期结果的偏离将更容易被查明和评定，预算也为控制工作中的纠正措施奠定了基础。所以，预算可以导致更好的计划和协调，并为控制提供基础，这正是编制预算的基本目的。

3. 预算的内容

预算内容可以简单地概括为三个方面：一是“多少”：为实现计划目标的各种管理工作的收入（或产出）与出（或投入）各是多少；二是“为什么”：为什么必须收入（或产出）这么多数量，以及为什么需要支出（或投入）这么多数量；三是“何时”：什么时候实现收入（或产出）以及什么时候支出（或入），必须使得收入与支出取得平衡。

当把各种预算计划缩略为一些确切的数字，以便使各级管理人员都能清楚地知道哪些资金由谁来使用，将在哪些部门使用，并涉及哪些费用开支计划、收入计划和实物表示的投入量和产出量计划。管理人员明确了这些情况，就可以准确授权给下属，以便在预算的限度内去实施计划。

4. 预算绩效管理全面实施

2018 年 9 月 1 日，中共中央、国务院发布了《关于全面实施预算绩效管理的意见》（以下简称《意见》），指出：全面实施预算绩效管理是推进国家治理体系和治理能力现代化的内在要求，是深化财税体制改革、建立现代财政制度的重要内容，是优化财政资源配置、提升公共服务质量的关键举措。加快建成全方位、全过程、全覆盖的预算绩效管理体系，是当前预算绩效管理存在的突出问题。

预算绩效管理的特点就是按计划决定预算，按预算计算成本，按成本分析效益，然后根据效益来衡量其业绩。可见，预算绩效管理是一种是以成本—效益分析为基础确定支出标准的预算组织形式，它对于监督和控制预算支出、提高支出效益、防止浪费有积极作用。传统的预算管理方式，是按照“人员—职能—经费”这一模式进行制度安排的。先考虑人员等政府履行职能的资源量，再根据资源情况确定政府履行职能的程度，最后根据职能需要确定相应的预算。这一模式，计划经济痕迹很浓，所谓“因人设事”，就是这种制度安排的产物。预算绩效，则以一种全新的角度，按照企业化经营模式，把政府作为一个提供公共品的经济部门，建立起“公共品—公共品成本—预算”的模式，通过对公共品的核算，进行预算编制。这就彻底改变了原来只考虑政府公共资源存量的做法，从而使预算紧紧围绕公共品的成本，体现了预算的约束机制。

《意见》从“全方位、全过程、全覆盖”三个维度，推动绩效管理全面实施。一是构建全方位预算绩效管理格局。要实施政府预算、部门和单位预算、政策和项目预算绩效管理。将各级政府收支预算全面纳入绩效管理，推动提高收入质量和财政资源配置效率，增强财政可持续性。将部门和单位预算收支全面纳入绩效管理，增强其预算统筹能力，推动提高部门和单位整体绩效水平。将政策和项目预算全面纳入绩效管理，实行全周期跟踪问效，建立动态评价调整机制，推动提高政策和项目实施效果。二是建立全过程预算绩效管理链条。将绩效理念和方法深度融入预算编制、执行、监督全过程，构建事前、事中、事后绩效管理闭环系统，包括建立绩效评估机制、强化绩效目标管理、做好绩效运行监控、开展绩效评价和加强结果应用等内容。三是完善全覆盖预算绩效管理体系。各级政府需将一般公共预算、政府性基金预算、国有资本经营预算、社会保险基金预算全部纳入绩效管理。积极开展涉及财政资金的政府投资基金、主权财富基金、政府和社会资本合作（PPP）、政府采购、政府购买服务、政府债务项目绩效管理。

《意见》在健全预算绩效管理制度方面的特点：一是完善预算绩效管理流程。完善涵盖绩效目标管理、绩效运行监控、绩效评价管理、评价结果应用等各环节的管理流程，制定预算绩效管理制度和实施细则，使预算绩效管理有章可循、有规可依。加快预算绩效管理信息化建设，促进各级政府和各部门各单位的业务、财务、资产等信息互联互通。二是健全预算绩效标准体系。建立健全定量和定性相结合的共性绩效指标框架，构建分行业、分领域、分层次的核心绩效指标和标准体系，逐步实现绩效信息横向可比较、纵向可追溯。创新评估评价方法，提高绩效评估评价结果的客观性和准确性。

三、"放管服"与"最多跑一次"

"放管服"，就是简政放权、放管结合、优化服务的简称。"放"：中央政府下放行政权，减少没有法律依据和法律授权的行政权；理清多个部门重复管理的行政权。"管"：政府部门要创新和加强监管职能，利用新技术新体制加强监管体制创新。"服"：转变政府职能，减少政府对市场进行干预，将市场的事推向市场来决定，减少对市场主体过多的行政审批等行为，降低市场主体的市场运行的行政成本，促进市场主体的活力和创新能力。

简政放权是民之所望、施政所向。"放管服"改革是否到位，一个重要标准是看它能否为群众生活及办事增加便利。"放管服"改革，对内要改革传统的行政管理体制，提升政府治理体系的现代化水平，对外要提升行政便利化水平，使之更加适应社会主义市场经济发展要求，用有限的人力，更好地专注于创新管理和高效服务。2016 年 5 月 9 日，国务院召开全国推进放管服改革电视电话会议。中共中央政治局常委、国务院总理李克强发表重要讲话。李克强语重心长地说："'放管服'改革实质是政府自我革命，要削手中的权、去部门的利、割自己的肉。计利当计天下利，要相忍为国、让利于民，用政府减权限权和监管改革，换来市场活力和社会创造力释放。以舍小利成大义、以牺牲'小我'成就'大我'。"2018 年 8 月 5 日，国务院办公厅关于《全国深化"放管服"改革转变政府职能电视电话会议重点任务分工方案》，从以简政放权放出活力和动力、以创新监管管出公平和秩序、以优化服务服出便利和品质三个方面，针对三十六个问题，分别提出了具体控制措施，使政府各个机关部门，全面提升公共服务效率与效果，让人民群众具有满意感和获得感。

"最多跑一次"改革是浙江在深入学习贯彻习近平总书记全面深化改革重要思想基础上，对照"八八战略"中"进一步发挥浙江的体制机制优势"的要求，创造性提出的一项关乎全局的改革举措。"最多跑一次"改革是通过"一窗受理、集成服务、一次办结"的服务模式创新，让企业和群众到政府办事实现"最多跑一次"的行政目标。改革宗旨："便民、高效、廉洁、规范"。让数据"多跑路"，群众"少跑腿"，推动政府的数字化转型成为浙江政务服务的明确目标。这一改革对准发展所需、基层所盼、民心所向，是浙江落实中央全面深化改革部署的重要创新实践，也是浙江将改革向纵深推进的一块金字招牌。

打造服务型政府，要求政府建立为企业和群众全程服务和长效服务的工作机制，特别要把资源投向以改善人民群众生活质量，关乎千家万户的义务教育、公共医疗、社会福利和社会保障、劳动力就业和培训、环境保护、公共基础设施、社会安全等领域，全面提升人民群众的获得感和幸福感。"最多跑一次"改革涉及政府治理、公共管理、地方政府创新等各领域工作，应群众需求而生、为解决问题而变，既植根于浙江行政审批制度改革形成的体制机制优势，又在价值取向、流程优化、信息共享、力量整合等方面有了新的超越，是浙江省委、省政府向全省人民作出的承诺，体现的是以人为本，蕴含的是观念革新，推动的是转型发展，是一场从理念、制度到作风的全方位深层次变革。

"最多跑一次"改革是深化行政改革和推进政府治理现代化的重大创新，规范了政府行为，优化了政府职能，需要持续深化和不断完善。只要越来越多的地方、部门和领域将群众的"一件事"落实为政府服务的"一次结"，变"群众跑"为"数据跑"，人民群众就能有更多的改革获得感。

内部控制的核心要素包括：授权、岗位、流程、监督与信息五大要素。"放管服"改革与"最多跑一次"改革，把内部控制的五大核心要素运用得淋漓尽致，下放权力，充分授权；分岗定权、权责明确；强化服务，优化流程；数据奔跑，信息共享；创新变革，加强监管。如图 3－2 所示：

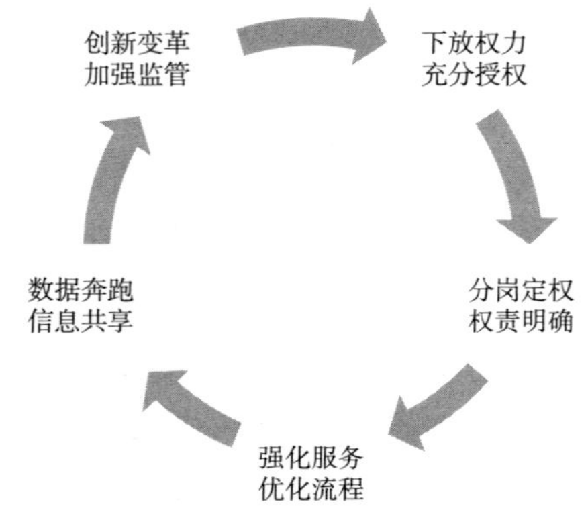

图 3－2 "放管服"改革与"最多跑一次"改革中的内控五要素运用

由此可见，"放管服"与"最多跑一次"改革，都离不开内部控制制度，都需要通过内部控制制度的强力实施来完成。"放管服"与"最多跑一次"改革，都需要通过改革内部控制制度、完善内部控制制度、优化内部控制流程、创新内部控制方法来完成。充分授权，权责明确，优化流程，信息共享，强化监督，内部控制五大核心要素，发挥着重要作用。通过内部控制，提高行政事业单位内部管理绩效，进而提升公共服务绩效，让人民群众具有满意感与获得感，实现“便民、高效、廉洁、规范”的改革目标。

第四章　个人自律控制新要求

第一节　个人自律与自控

一、自律与制度

自律是指人们能够自觉地控制自己的情绪和行动，是行为主体的自我约束与激励的过程，自律以人生理想、价值观、使命感与事业心作为基础。自律，既善于激励自己勇敢地去执行采取的决定，又善于抑制那些不符合既定目的的愿望、动机、行为和情绪。与自律相反的是任性，对自己的言行不加约束，对自己持放纵态度，任意放肆，不考虑行为后果带来的影响。

自律是自己对自己的约束意识，是以克制情绪进而增强行动能力的精神修养。在对自己的一生有重大影响的大事面前，自律常常意味着牺牲乐趣和避免一时冲动。自律需要自控。自控是思想转化为行动的控制力，是驾驭自己的控制能力。自控是自律的表现，是坚强意志的重要标志。先有自律意识，才能逐步自控。自控就是你尽管不想做某些事情，但还是尽力去做，这样你就能做成自己想做的事情。自控能力几乎是每一个人通往成功的基本能力，美好的人生都是建立在自我控制的基础上。自省是自律与自控的提升方法。自省代表对自己的了解，知道自己的问题，才能更好地改造提升自己。曾子曰："吾日三省吾身，为人谋而不忠乎？与朋友交而不信乎？传而不习乎？"大意是，曾子说："我每天都要做多次自我检讨，为主人出谋献计做到忠心不二了吗？与朋友交往合作做到诚信了吗？老师所传授的东西经常温习与实践了吗？"自律是精神修养，自控是行为控制，自省是通过发现问题总结问题，提升自己的精神与行为，自省是一个人提升自己的根本。

提高自己的自控力，需要做到以下几个方面：

1. 坚定理想信念，确立明确目标；

2. 坚持锻炼身体，增强意志力量；

3. 克制欲望，抵制诱惑；

4. 克制冲动，抵制魔鬼；

5. 克服懒惰，拒绝拖延。

自律可以使自己实现目标，成为更优秀的人，同时，自律也可以使个人所在组织的内部控制制度得到贯彻执行。一个人要实现自己的目标，除了靠自己的勤奋努力之外，还离不开组织提供的平台。每个人的目标，总是要在一定的群体组织范围内得以实现。离开了组织的大舞台，个人的目标也是很难实现的。因此，自律与单位的内部控制也有密切关系。一个组织的内部控制制度，是为实现组织目标而制定，需要全体员工的共同执行才能实现。内部控制制度是人制定的，也是靠人执行的。人在执行制度时，更多还是靠自律，而不是靠他律、靠监督。所以我们应该学会自己约束自己，自己要求自己，变被动为主动，自觉地遵守内部控制制度。我们的自律，并不是为了让内部控制制度来束缚自己，而是用自律的行动去自觉执行制度，创造一种井然的秩序，为我们的工作争取更大的成果，实现组织的管理目标。一个人越自律，单位组织的内部控制制度就越容易贯彻执行，其个人目标和单位组织目标就越容易实现。人越自律，就越优秀。但愿生活中的你我，都做一个因自律而变优秀之人，因自律而使单位内部控制制度顺利得到贯彻执行。

自律、制度与目标的关系，如图4-1所示：

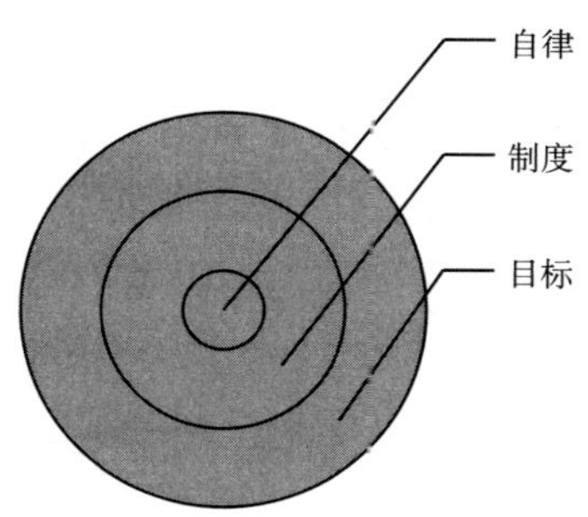

图4-1 自律、制度与目标关系示意

二、党员干部自律行为

《中国共产党廉洁自律准则》对党员干部作出如下要求：

中国共产党全体党员和各级党员领导干部必须坚定共产主义理想和中国特色社会主义信念，必须坚持全心全意为人民服务根本宗旨，必须继承发扬党的优良传统和作风，必须自觉培养高尚道德情操，努力弘扬中华民族传统美德，廉洁自律，接受监督，永葆党的先进性和纯洁性。

党员廉洁自律规范：

第一条　坚持公私分明，先公后私，克己奉公。

第二条　坚持崇廉拒腐，清白做人，干净做事。

第三条　坚持尚俭戒奢，艰苦朴素，勤俭节约。

第四条　坚持吃苦在前，享受在后，甘于奉献。

党员领导干部廉洁自律规范：

第五条　廉洁从政，自觉保持人民公仆本色。

第六条　廉洁用权，自觉维护人民根本利益。

第七条　廉洁修身，自觉提升思想道德境界。

第八条　廉洁齐家，自觉带头树立良好家风。

党员干部要带头遵守各项规章制度，带头讲作风、讲纪律、讲规矩，用制度管人、用制度管事，全面从严治党永远在路上，干部作风建设没有休止符，这就是大势所趋。只有这样才能保证党的凝聚力和战斗力。

党员干部的廉洁自律，需要自控与自省，自省就需要算好“四本账”。企业会计只能有一本账，算好这本经济账就已经很不错了。可是我们的党员干部不仅要算好经济账，还要算好人生账、政治账和家庭账。

人生账　人生是美好的，长寿、健康、快乐应是人生追求的基本目标，其次才是地位、荣誉和金钱。可惜的是一些领导干部把人生的基本目标颠倒了，一心一意追求地位、荣誉和金钱，到头来，人生的长度不仅缩短，人生的宽度也变窄了。

政治账　领导干部本应是人民的公仆，为人民谋利益，为官一方，造福群众。这是最大的政治。可是一些领导干部没有把人民的利益放在第一，而是把自己的利益放在了第一，时时刻刻为自己的利益考虑，工作围绕自己的利益开展。最后终于受到人民的唾弃，自己丢了官位，葬送了政治前途。

经济账　随着人民生活水平的日益提高，国家公务员的工资水平也在逐年提高，可是一些领导干部仍然利用手中的权力，大肆挥霍国家钱财，挪用资金，贪污受贿，小到手机、家电，大到汽车、房子，化公为私据为己有。其实这根本没有必要。随着技术的进步，家电、汽车的价格在逐步下降而技术和性能在不断提高，公务员的工资本身并不低，积累几年，汽车、房子均可得到。杭州有位干部因为9万元受贿而坐牢10年，判刑当年正好59岁，实属不该。为了9万元的经济利益而以自己的人生、政治前途和家庭为代价，这是人生经营的破产。

家庭账 一些领导干部，利用工作之便，不仅以权谋私，而且以权谋色，包二奶、养情妇，为所欲为，最后导致家庭破裂，妻离子散。即使工作出色，成绩斐然，但心中却少了一个温馨港湾，心灵难有归属。

这四本账的核算原则：正确区分收益性支出和资本性支出。所谓收益性支出是指该支出的发生是为了取得本期收益，即它仅与本期的收益有关；资本性支出是指该支出的发生不仅为了本期收益，而且与本期及以后若干会计期间的收益都有关系。收益性支出应列为当期损益，资本性支出应列为资产。如果把资本性支出当成收益性支出，必将虚夸当期成本、虚减当期利润；如果把收益性支出当成资本性支出，必将虚减当期成本、虚增当期利润。我们的党员干部应正确区分这两类不同性质的支出，积极谋求资本性支出，真正为人民办实事、办好事、办人民真正需要办的事。不要为政绩而政绩，为形象而形象。党员干部不仅要追求短期投资，更要注重长期投资，谋求长远利益。这长远利益包括全心全意为人民服务，每天都有健康身体和健康心态，拥有稳定和睦的家庭，千万不能为追求一时一事的快乐而断送自己的生命、家庭和前途。

积极获取人民群众的长远利益，使国家和人民的利益永存，使自己的事业之树、生命之树常青。对党员干部来说，人生的账是谋求长寿、健康、快乐；政治的账是谋求为人民服务；经济的账是谋求清正廉洁、不拿群众一针一线；家庭的账是谋求和睦、温馨的港湾。有一些干部由于自己没有把握好正确方向，走上歧途甚为可惜。这不仅是一个人的悲剧、一个家庭的悲剧，更是国家的悲剧！要知道国家培养一个领导干部，特别是高级领导干部，花费的成本是难以计量的，国家失去的应有收益更是难以确认。

三、公民自律行为

中共中央《公民道德建设实施纲要》提出了“爱国守法、明礼诚信、团结友善、勤俭自强、敬业奉献”二十字的公民道德基本规范。它不仅是道德规范，也是公民自律行为的基本规范。

“爱国守法”是公民对国家的最首要的道德义务，也是公民基本的自律规范要求。公民应当热爱国家、建设国家、保卫国家，维护国家的尊严，保守国家的机密，把对国家的一切义务和责任看成是自己的天职。公民应当维护法律确定的最基本的政治秩序和社会秩序，遵纪守法是一个公民应尽的义务，遵纪守法是一个公民最基本的自律行为。

“明礼诚信”是公民如何待人的道德规范。在我国，无论在何种场合，无论从事什么样的活动，公民都应该讲文明、讲礼貌、讲诚实、讲信用。公民能否明礼，关系到我们国家的形象和文明程度，关系到一个家族家庭与个人的形象和文明程度。诚信，是人与人之间交往关系中最基本的道德规范要求。在经济活动中要诚信，杜绝假冒伪劣、坑蒙拐骗；在日常生活中也要信守诺言，忠诚待人。其实，在目前高度发达的经济社会中，没有诚信的人，几乎寸步难行了。

“团结友善”是公民与公民之间应当如何相处的基本规范。每一个公民，不论民族、年龄、职业，都是中华人民共和国这个大家庭中的一员。公民之间应该彼此团结，相互友爱，建立起一种和睦亲爱的关系。现实中，对他人友善的人也必然会得到他人的友善。团结是力量的源泉。能否团结、友善，关系到一个人的前途和幸福，也关系到民族的兴旺、国家的兴衰。要做到团结友善，就必须怀着友好的愿望，抱着彼此平等的心理相互对待，就必须对己严、对人宽，就必须将心比心，“己所不欲，勿施于人”。

“勤俭自强”是公民对待生活、对待自身的道德规范。作为一个公民，有劳动的权利和劳动的义务，应当懂得没有勤奋就不会有社会财富的道理，推崇勤劳，反对懒惰和游手好闲。公民还应该厉行节约，反对奢侈浪费和享乐主义的生活方式。在现实生活中，公民应当自强不息，不断进取，保持一种健康向上的精神风貌，凡事尽量依靠自己而不依赖他人。

“敬业奉献”是公民对待职业活动的道德规范。宋朝朱熹说，敬业就是“专心致志以事其业”。即用一种恭敬严肃的态度，对待自己的工作，认真负责，一心一意，精益求精。敬业总是和爱岗联系在一起的。爱岗是敬业的前提，敬业是爱岗情感的进一步升华，是对职业责任、职业荣誉的进一步深刻理解和认识。一个不爱岗的人很难做到敬业，一个不敬业的人，很难说是真正的爱岗。敬业和奉献是紧密联系在一走的。所谓奉献，就是一心为他人、为人民、为社会、为国家、为民族做贡献。有这种境界的人，从事工作的目的，不是为了个人的名利，也不是为了家庭的名利，而是为了有益于他人、人民、社会、国家和民族。一个公民如果真正做到了奉献，无论在什么场所，都能够爱国守法、明礼诚信、团结友善、勤俭自强和敬业。奉献是无私的付出。雷锋曾说："人的生命是有限的，可是，为人民服务是无限的，我要把有限的生命，投入到无限的为人民服务之中去……"

四、单位组织内部不同类型人员的自律行为

1. 高层管理人员自律行为

（1）自觉遵守国家各项法律法规

（2）带头执行单位各项内部控制制度

（3）自觉执行党委会决议

（4）严守组织秘密

（5）抵制诱惑拒绝贿赂

2. 中层管理人员自律行为

（1）坚决贯彻执行高层的决策部署

（2）尊重领导服从安排

（3）积极执行单位各项内部控制制度

（4）不断提升自身业务能力

（5）抵制诱惑拒绝贿赂

3. 基层管理人员自律行为

（1）严格按照组织要求履职尽责

（2）勤勉工作恪尽职守

（3）办事公道

（4）杜绝徇私舞弊行为

（5）主动解决问题

4. 员工自律行为

（1）自觉遵守单位各项内部控制制度

（2）确保财产与人身安全

（3）积极进取勇于创新

（4）团结友爱和睦相处

（5）爱岗敬业遵纪守法

五、时间控制

人生有两个最大的财富：才华和时间。当才华越来越多时，时间就越来越少了。我们的一生，可以说是用时间来换取才华。如果时间一天天过去了，而我们的才华没有增加，那就是虚度了时光，所以，时间管理尤为重要。时间管理的对象是工作与生活，而管理的本质就是如何提高我们的生活质量。我们应该学会管理好时间，并在智慧的管理中找到生活与工作的平衡点。

（一）时间管理的一般方法

1. 明确自己的价值观

假如自己的价值观不明确，就很难知道什么事情对自己是最重要的。当自己的价值观不明确时，就无法做到合理地分配时间。时间管理的本质在于如何分配时间。每一个人永远没有时间做好每件事情，但是每一个人永远有时间完成对自己来说最重要的事。因此，每一个人必须要明确自己追求的究竟是什么，自己需要的是什么，什么东西对自己才是最重要的。明确了自己的价值观，时间管理就有了明确的方向。

2. 遵循帕累托原则

19 世纪意大利经济学家帕累托提出帕累托原则。其核心内容是：生活中 80% 的结果几乎源于 20% 的活动。例如，20% 的客户给你带来了 80% 的业绩，可能创造了 80% 的利润；世界上 80% 的财富是被 20% 的人掌握着，世界上 80% 的人只分享了 20% 的财富。因此，要把注意力放在 20% 的关键事情上。

根据这一原则，我们把要做的事情分清轻重缓急，进行如下的排序：A. 重要且紧急——必须立刻做。B. 紧急但不重要——只有在优先考虑了重要的事情后，再来考虑这类事。人们常犯的毛病是把“紧急”当成优先原则。其实，许多看似很紧急的事，不办也无关大局。C. 重要但不紧急——只要是没有前一类事的压力，应该当成紧急的事去做，而不是拖延。D. 既不紧急也不重要——有闲工夫再说。

3. 制订有效的计划

时间管理的重点，在于制订有效计划，合理分配时间。学会列清单，把自己所要做的每一件事情都写下来，列一张总清单，这样做能让你随时都明确自己手头上的任务。在列好清单的基础上进行目标切割。年度目标切割成季度目标，列出清单，每一季度要做哪些事情；季度目标切割成月目标，并在每月初重新再列一遍，遇到有突发事件需要更改目标的情形时及时调整过来；每周末把下周要完成的每件事列出来；每天晚上把第二天要做的事情列出来。

4. 学会充分授权

为了更有效地管理好时间，每个人要学会充分授权，不要任何事情都亲力亲为。每个人的时间都是有限的，每个人的精力也是有限的。找出你目前工作中合适的人选，充分发挥他们的特长，做到人尽其才，人尽其用，把时间运用到极致。把自己从烦琐的事情中解放出来，集中精力做自己认为最重要的事情。

5. 安排自己的独立时间

每天必须有一个小时的时间完全留给自己，停止一切工作，静下心来，完全不受任何人干扰地思考一些事情，或是做一些你认为最重要的事情，这一个小时可以抵过你一天的工作效率，甚至可能比三天的工作效率还要高。

6. 麦肯锡 30 秒电梯理论

麦肯锡公司曾经为一个重要的大客户做咨询，咨询结束的时候，项目负责人在电梯间里遇见了对方的董事长，该董事长问麦肯锡的项目负责人，能不能说一下现在的结果，由于该项目负责人没有准备，无法在电梯从 30 层到 1 层的 30 秒钟内把结果说清楚。最终，麦肯锡失去了这一重要客户。从此，麦肯锡公司要求员工，凡事要在最短的时间内把结果表达清楚，凡事要直奔主题、直奔结果。麦肯锡认为，一般情况下人们最多记得住一二三，记不住四五六，所以凡事要归纳在三条以内。

（二）工作以外的时间管理

我们进行时间管理，是为了能够更有效地去工作。但是，请您千万不要忘记：工作并不等于生活，工作中的时间管理与生活中的时间管理密不可分。合理分配时间，平衡工作与生活，十分重要。人与人之间的差距，很大程度上在于对业余时间的利用。

1. 加强身体锻炼

健康的身体，不仅是工作的重要保障，更能带来愉悦的心情，这一点非常重要。大家在业余时间，可以有多种锻炼身体的方法，走路、打球、跑步、打太极拳、练瑜伽、健身房锻炼等，都是很好的锻炼方式，最好能保证每天锻炼一个小时。

2. 加强学习

活到老，学到老。通过学习，不仅提高我们的专业技能，更能开阔我们的视野，提高我们的自身修养。参加研究生的在职学习，参加中高级职称的学习考试，参加各种类型的政治学习与业务培训，都是非常好的学习方式。另外，每个人每天独立安静地读书两个小时，这一点，非常重要，日积月累，其收获是不可估量的。

3. 扩大社交

人是一个群居的高级动物，而且应该有不同的朋友圈。上班族每天在单一的工作圈内，思维疲劳与视觉疲劳必然导致其身心疲惫，甚至可能产生厌烦情绪。我们要积极扩大自己的社交范围，与不同行业的人员、不同职业的人员、不同地域的人员、不同年龄段的人员进行广泛交流，积极实现自我跨越与穿越。不断扩大自己的人脉，这样不仅使自己的生活丰富多彩，而且对自己的工作也会起到意想不到的帮助作用。

4. 外出旅游

旅游的目的包括休闲、娱乐、度假，探亲访友及其他。旅游可以缓解自己的工作压力，平复自己的不良情绪；旅游可以让自己感受大自然的一切美好，增强生活的信心；旅游可以丰富自己的文化生活，领略不同的风土人情；旅游可以锻炼身体，达到休养生息的目的；旅游是一次完美的充电过程，使你疲惫的身心得以彻底放松，以更佳状态迎接新的工作。

5. 保持自己的兴趣爱好

一个人应该有自己的职业，也应该有非职业的爱好兴趣，例如，摄影、书法、唱歌、舞蹈等，这样可以使自己的生活更有趣、更快乐。有时候，一个人的业余活动也许比他的职业更有意义、更长久。当然，如果能够把自己的职业与自己的兴趣爱好自然融为一体，那就再好不过了。

第二节 家训家规家教家风

一、概念解析

家庭是社会中最古老、最基本的组织形式，是人生的第一所学校。重视家庭建设，首先要解决的是建立一个什么样的家庭的问题。“家之兴替，在于礼义，不在于富贵贫贱”，给一个家庭留下正确的价值观、财富观、生活方式，往往比留下金钱权利更为重要。重视家庭建设应该是抽出更多的时间去思考树立怎样的家风、制定怎样的家训，与配偶、子女、亲朋好友、甚至是身边的工作人员多沟通，统一思想、达成共识。“一家仁，一国兴仁；一家让，一国兴让”。家风正，则后代正，则源头正，则国正。家风潜移默化的作用力无穷，营造良好的家风，才能推动党风、政风、社风、民风的改善。

俗话说得好：“无规矩不成方圆”。中华民族中的每个家庭，每个家族，都有属于自己的家训、家规、家教、家风。从“孟母三迁”到“岳母刺字”，都是家规家教的体现。

家训，是祖先对子孙后代们立身处世、持家治业的谆谆教诲，以《朱子家训》《颜氏家训》最为出名。

家规，是家庭的规矩，是每一个家庭成员必须执行的行为规范，是约束和规范家庭成员的具体要求。家规需要用家训来表达。家规是治家教子、修身处事的重要载体，是中华民族传统文化的重要内容。

家教，是由祖辈或父母，依据家族家规对子女的言传身教，是家长通过自己的一言一行，用家规教导子女，使子女学习家规、遵循家规、执行家规、传承家规。

家风，是一个家庭长期培育形成的一种文化和作风，是家庭成员道德水平的集中体现。家风作为一种精神力量，既能在思想道德上约束其成员，又能促使家庭成员在一种文明健康、积极向上的氛围中不断发展。家风，如同一个人有气质、一个国家有文化传统一样，一个家庭在长期的延续过程中，会形成自己独特的习惯和风貌。这样一种看不见的精神风貌，摸不着的风尚习气，以一种隐性的形态，存在于特定家庭的日常生活之中，家庭成员的一举手、一投足，无不体现出这样一种习性，这就是家风。可以将家风理解为家庭的风气，将它看作是一个家庭的传统，是一个家庭的文化。

“一玉口成国，一瓦顶成家。”家是最小的国，国是千千万万家，家国两相依。在《习近平谈治国理政》第二卷中，关于怎样看待家庭、家教和家风及其相互关系的问题，习近平总书记有着专门的论述。习近平总书记明确指出，“家风是社会风气的重要组成部分。家庭不只是人们身体的住处，更是人们心灵的归宿”，以此唤起人们对于家风的记忆与温暖。因为，古今中外的历史都证明了这样一个道理，即“家风好，就能家道兴盛、和顺美满；家风差，难免殃及子孙、贻害社会，正所谓‘积善之家，必有余庆；积不善之家，必有余殃’”。习近平总书记特别强调“我们都要重视家庭建设，注重家庭、注重家教、注重家风”的问题。只有每一个家庭都既承担起“帮助孩子扣好人生的第一粒扣子，迈好人生的第一个台阶”的重担，又承载起帮助孩子“在为家庭谋幸福、为他人送温暖、为社会作贡献的过程中提高精神境界、培育文明风尚”的重任，这样家庭培养出来的孩子才能够在“自觉承担家庭责任、树立良好家风”以及为社会作出有益贡献等方面打下良好的思想基础、品德基础和人格基础。

党员领导干部的家风，不是自家小事、私事，它代表着党和政府的形象。良好的家风为社会树立正面的榜样，促进社会发展进步；反之，则对社会产生负面作用，损坏党和政府的声誉，破坏党群关系，使党风受到影响。党员领导干部的家风好，则族风好、民风好、国风好。社会风气正，是中国社会改革的推助力，是中华民族伟大复兴的软实力。先进性是共产党的本质属性。党章明确规定，中国共产党是中国工人阶级的先锋队，同时是中国人民和中华民族的先锋队。先进性是共产党千锤百炼的优秀品格，是人民拥护共产党的根本依据。因此，共产党员特别是党员领导干部应在群众中起到模范带头作用。

二、言传身教

言传身教意思是用言语讲解、传授；以行动示范。既用言语来教导，又用行动来示范。“言传”是指单纯用语言来教导别人知识。“身教”是以自己的行为或者实践来让他人获得教育，或是以自己的德行和情操去教育他人。今天发达的媒体与网络，使孩子听到的说教太多太多了，父母更多的言传，已经引起孩子们的厌烦情绪，更不要说教育的效果了。在“言传”与“身教”中，“身教”大于“言传”。孔子曾经说过：“其身正，不令而行；其身不正，虽令不从。”我国著名教育家陶行知老先生也曾经说过：“要想学生好学，必须先生好学；唯有学而不厌的先生才能教出学而不厌的学生。”以身作则则上行下效；言而无信则言行不一。父母是孩子的第一任老师，是最好的老师。何种情况下用“言传”？何种情况下用“身教”呢？“言传”与“身教”都有什么理念与内容呢？“言传”与“身教”带给孩子的是“正能量”还是“负能量”？这些都是需要仔细斟酌，适时适度把握。

当然，任何事任何人都有例外，有的孩子，“言传”不听，固执；“身教”不悟，迟钝。

审计署网站上刊登了一篇感人肺腑的文章《父亲第一课》，我一直把它作为研究生的必读资料，并把作者作为标杆，让学生学习。把作者的父亲，作为我自己的标杆，每日三省自己。该文作者是李青，单位是审计署京津冀特派办，我在全国各地讲课时多次讲述这个故事，并一直在寻找这位年轻的审计干部。2019 年 12 月，我在北京讲课时，终于联系到了该作者，以下是《父亲第一课》原文：

刚走出校门，我很荣幸地进入审计署京津冀特派员办事处，成为共和国审计队伍中的一员。得知被录用的消息后，最兴奋最满足的不是我，而是我六十岁的老父亲。用他的话说，比他当了爷爷都高兴。

知道我入围公务员面试后，父亲就开始紧张起来。农村家庭是不订报纸的，所以除了从电视上搜集关于公务员考试的只言片语的信息外，他更多的是和村里的小学老师打听这考国家干部是怎么回事。面试的前一天，父亲在电话中显得忧心忡忡，他说，闺女，其实我早就打听到没敢跟你说啊，这个面试啊，是要提前托关系的，你这个爸爸也没那么大能耐，明天能不能考上就看俺闺女的造化了。话说回来，老天爷说了算的事，你愁个啥。听完父亲的一番唠叨，我居然豁然开朗，之前的紧张和不安一扫而光，是啊，老天爷说了算事，我愁个啥。于是，第二天考场中的我不卑不亢，落落大方，自始至终沉着镇定，应对自如。也许是我临场发挥还可以，也许真如父亲说的我“造化到了”，第二天我就收到了入围 1∶1 体检环节的通知。听到这个消息，父亲揪了几个月的心终于踏实了下来。

然而好事多磨，体检结果下来，我竟然某一项血红蛋白指标偏高，需要复检。刚松了一口气的父亲又把心提到了嗓子眼。他又开始找村里诊所的医生打听。这次，他害怕的不是我因为这项不合格的指标被“刷”下来，而是我的身体真出了什么毛病，这个医学术语把父亲吓坏了，甚至坚持要求来北京陪我看病，在我的再三安慰下才作罢。可是放下电话，我自己心里也打鼓。我自嘲说，都说考公务员是千军万马过独木桥，我这就等于好不容易到了对岸，却在下马的时候崴了脚。同学们也都看在眼里，急在心里，甚至有人建议找一个健康的同学代我去复检，争取蒙混过关，并煞有介事地帮我分析可行性。当我跟家人说起时，一心盼着我能金榜高中的父亲却极力反对，他说，闺女，我知道你现在就差这“最后一哆嗦”了，可是你考的可是审计部门啊，是最忌讳弄虚作假的。离地三尺有神明，就算这样能进去，你以后也会不踏实的。听爸的话，要是上不了，就是咱家祖坟没冒这股青烟，但不管怎样，咱不能跟公家玩虚的。就这样，我听了父亲的话，吃饱喝好，早睡早起，不烦不躁，调整了几天后就去复检了。听到复检结果合格的消息，不胜酒力的父亲居然自斟自饮喝得微醺，那是几个月来父亲睡得最踏实的一晚。

入职培训刚结束，我们就赶着奔赴审计一线了。工作间歇，我特地买了些当地的特产寄回了家。想到从此也是个有固定经济来源的人了，终于可以用自己挣的钱孝敬父母了，心里不禁美滋滋的。没想到接到包裹后，父亲立刻警觉起来。他在电话里严肃的质问我，看包装这东西可不便宜吧，是不是别人给你们送的礼啊，闺女你现在可是国家干部了，干的可是审计啊，自己先要行得正立得端，可不能犯糊涂啊。我听了哭笑不得，好生解释了一番他才放下心来。开始接触审计项目了，想到还没有弄清楚什么是审计的时候，就要去琢磨怎么干审计了，我不禁感到迷茫和不安。听到我抱怨会计基础薄弱时，父亲却笑笑说，这不要紧，以后多补补就是了，再说贪官做坏事，可不都记在账上啊。爸爸只有一句话，你查不查得出问题都在其次，关键是自己不能出问题。是的，在父亲的逻辑中，查不出问题，那是能力问题，但是自己出了问题，那就是品质问题。他可以接受一个能力不足的女儿，但是无法容忍一个品质有瑕疵的女儿。

在父亲和土地庄稼打交道的六十年生命里，没有“免疫系统”理论，没有“国家治理”的概念，但是在父亲懂得教导他的女儿干审计就要行得正立得端，要忌讳弄虚作假，要做一个没有品质问题的人。他的朴实的语言里渗透了最深刻的道理，他的憨厚的目光中浸润着最纯粹的正气，就连不经意间的一个表情也写满了对我最殷切的关爱。这就是我的父亲，我的只上到小学五年级的父亲，没有满腹经纶，没有豪言壮语，一句“人在做，天在看”便是他尊崇了一生的金科玉律。是父亲教我懂得，审计路上有很多东西值得坚持，很多东西值得守护，比如一个勇于揭示真相的严谨的态度，比如一种敢于挑战未来的乐观的情怀，比如一颗不忘职业操守的忠诚的心……

每次阅读此篇文章时，我都是激动得热泪盈眶。一个慈祥的父亲的形象跃然纸上，浮现眼前。这位父亲，没有文化，更不懂会计与审计，但是他有一颗爱国心，“咱不能跟公家玩虚的”。这位父亲，渴望子女成才，但是更关心子女的身体健康，“他害怕的不是我因为这项不合格的指标被‘刷’下来，而是我的身体真出了什么毛病”。这位父亲，关注子女的能力，但是更关注子女的人品，“他可以接受一个能力不足的女儿，但是无法容忍一个品质有瑕疵的女儿”。这位父亲教育子女，一颗平常心，从容走天下，“老天爷说了算的事，你愁个啥”。这位父亲教育子女，做人做事，诚实守信，“要行得正立得端，要忌讳弄虚作假”。这位父亲教育子女，公私要分明，不拿群众一针一线，“你现在可是国家干部了，干的可是审计啊，自己先要行得正立得端，可不能犯糊涂啊”。这位父亲更有智慧，“听到我抱怨会计基础薄弱时，父亲却笑笑说，这不要紧，以后多补补就是了，再说贪官做坏事，可不都记在账上啊”。一件公务员应聘考试与入职的事情，这位老父亲把中华优秀的传统文化，全部传授给了女儿，而且表现得生动形象，淋漓尽致。我在佩服这位老父亲的同时，也佩服这位年轻作者的逻辑思维能力与语言表达能力，一篇短小精悍的文章，只有五个自然段，没有华丽的词语，却让读者跌宕起伏，激情满怀。文章没有大小标题，却观点明确，思路清晰。文章没有出现“情”与“爱”的字眼，却让读者深深感悟到，父女情深，父爱如山。

为了了解现代大学生父母的家教情况，我在 2019 年 5 月，对我们学校审计专业 1601 班全体 41 位同学，进行了一次问卷调查，要求每个学生，用一个星期的时间，认真回忆思考，从小到大，自己的妈妈教育自己最多的一句话是什么？以下是全班同学的回答，原汁原味，笔者未作任何修饰修改。

1. 吃人嘴软拿人手短。

2. 做人要诚实，说了就要做到。买东西要买好的，不能贪便宜。

3. 做人做事要靠自己。
4. 不贪图别人的东西就不会被别人骗。
5. 切记交浅言深。
6. 凡事都要向前看。
7. 勿以恶小而为之，勿以善小而不为。
8. 好好学习，天天向上，知识改变命运。
9. 宁可早到十分钟，不可迟到五分钟。
10. 选自己喜欢的，不要后悔。
11. 想做什么就大胆去做，不违法不损德就行，年轻就是用来犯错的。
12. 如果你没有收入，那么省钱对你而言就是赚钱。
13. 按时吃饭。
14. 多看天空，心胸开阔。
15. 做人开心最重要。
16. 做人要靠自己。
17. 哪儿有勤奋，哪儿就有成功。
18. 没有天生的信心，只有不断培养的信心。
19. 做一个对社会有帮助的人，尊老爱幼，与人为善。
20. 实事求是，不弄虚作假。
21. 要多看点书，学习很重要。别觉得委屈，找找自己原因。
22. 凡事要靠自己，要懂得坚持。
23. 有借有还，再借不难。
24. 赚快钱都是很危险的。
25. 买东西要在自己能力范围内选择。
26. 不能单独进入别人的房间里。
27. 不拿公家一针一线。
28. 贪污受贿等于犯罪，不拿别人的东西。
29. 目标和理想要靠自己的努力去实现；要遵守纪律，严于律己。
30. 吃饭长辈动筷才能开始吃。多送送邻居东西，有来有往。
31. 做错事情要勇于承认并知错就改。借了别人的东西一定要及时归还。
32. 别人的东西再好，没经过允许不能乱拿。有些东西别人就算给你也不能要。

33. 新衣服买来要把线头剪整齐。女孩子要记得整洁干净。做事情不要拖拉。

34. 属于自己的东西要好好保护，不属于自己的别瞎想，要学会脚踏实地。

35. 小学初中每周日给下一周的全部零花钱，高中给一个月的生活费，大学一次性给一个学期的生活费，怎么使用都自己分配。

36. 害人之心不可有，防人之心不可无。逢人只说三分话，不可全抛一片心。交友贵精不贵多。朋友之间关系无论多好都尽量避免金钱来往。做人要对得起自己的良知。

37. 遇事放平心态。自己要学会存点钱，不要每次都把钱花光。

38. 出去玩必须经过父母同意。不能随便去别人家里，不能拿别人给的东西。回家需要告诉父母给的零花钱花去了哪里。

39. 不要到别人家楼上去玩。在别人家不要总是拿别人的东西吃。别人来玩不要就自己吃东西，也拿出来给别人吃吃。

40. 看电视的时候人要坐正，不要躺着看电视。吃饭的时候要把碗里的饭吃干净，不要有剩下。

41. 做人要诚实守信。在给出承诺之前要先估量一下自己能不能实现。要在诱惑面前坚持原则。原则是底线，不可丢不可破。除了父母，没人有义务对你好，如果有人对你好，应该感到感恩并且回报他们。

现在的大学生家长，应该大部分是 20 世纪 70 年代的生人，这些父母的言传，依然体现了中国传统文化的精髓，做人做事要尊老爱幼、与人为善、公私分明、诚实守信、勤奋努力、勤俭节约、规范行为、规矩行事、遵纪守法。习近平总书记指出：“我们要坚持道路自信、理论自信、制度自信，最根本的还有一个文化自信。”那么，何谓文化自信？文化自信是一个家庭、一个民族、一个国家以及一个政党对自身文化价值的充分肯定和积极践行，并对其文化的生命力持有的坚定信心，一代一代传承下去。

第三节　生活中的内部控制

一、家庭内控面面观

内部控制是指经济单位和各个组织在经济活动中建立的一种相互制约的业

务组织形式和职责分工制度。是一个单位为了实现其经营目标，保护资产的安全完整，保证会计信息资料的正确可靠，确保经营方针的贯彻执行，保证经营活动的经济性、效率性和效果性而在单位内部采取的自我调整、约束、规划、评价和控制的一系列方法、手续与措施的总称。内部控制是因加强经济管理的需要而产生的，是随着经济的发展而发展完善的。最早的控制主要着眼于保护财产的安全完整，会计信息资料的正确可靠，侧重于从钱物分管、严格手续、加强复核方面进行控制。随着市场经济的发展和生产规模的扩大，经济活动日趋复杂化，才逐步发展成近代的内部控制管理系统，并逐步提出内部控制包括控制环境、风险评估、控制活动、信息与沟通、监控五个相互联系的要素。内部控制的经典措施包括：重大事项的科学论证与集体决策；业务开展的授权批准；不相容职务相互分离；关键岗位关键控制；业务信息与财务信息的公开透明；经济业务的预算与绩效管理；监督检查制度。

家庭内部控制的模式，大致分为以下 10 种类型：

1. 夫妻“AA”制

夫妻双方的资金各自管理，收支各自独立。例如：丈夫的工资承担水费开支，妻子的工资承担电费开支。丈夫用自己的工资孝敬自己的父母，妻子也用自己的工资孝敬自己的父母。结婚生子后，丈夫负担育儿的奶粉开支，妻子承担育儿的衣服开支。该模式大概流行于“90 后”家庭吧。

2. 夫或妻的“独裁”制

家庭中任何一项开支行为，都集中在一个人的手中，要么集中在妻子，要么集中在丈夫。授权审批、行动执行、收付开支、存钱取钱、登记账簿、监督检查、实物盘点等，都集中于一人。

3. 夫妻“共和”制

家中大小事情，夫妻双方，共同协商，共同决定。两个人意见一致的事情，统一行动。如有一方有不同意见，行动暂缓执行。

4. 夫妻“制衡”制

夫妻双方相互牵制，保持相对平衡状态。一人管钱，另一人管账；一人审批，另一人执行；银行账号的密码设置，一人设置前四位，另一人设置后四位。以上做法，都是制衡制度的具体体现。

5. 家庭“规范”制

生活严谨的家庭，建立了一套严格的内部控制制度。有家庭收支的预算管理制度，日记账的虚实登记制度，现金与实物资产的定期盘点制度，监督检查制度，总结评价制度，泾渭分明的奖惩制度。这种现象，一般发生在具有会计职业背景的家庭中。

6. 夫妻“无政府状态”制

这类家庭几乎没有内部控制制度，不仅没有详细的预算计划，更没有授权审批、相互制衡、监督检查等规范的制度安排。花钱随心所欲，理财毫无计划。不到月底，钱花光了，夫妻二人各回各家，各吃自己父母的钱粮。下月初，工资发下来了，又团聚在自己的小窝窝里。俗称“月光族”或者“两栖动物”。这样的状态，与夫妻两人的天然性格具有必然联系，本应无可厚非。

7. 丈母娘“董事长”妻子“总经理”负责制

这类家庭是典型的母系社会特点。预算计划的制定，银行的存钱取钱，家庭账簿的登记，实物的盘点，监督检查等各个环节，女人管理一切，男人不用操心一切事物，只有具体执行。这种模式，大概流行于上海，所以上海的男人在享受幸福的同时，也显得格外年轻。

8. “啃老族”制

俗称“6+1”模式。即家中辈分最小的孩子，有爸爸妈妈、爷爷奶奶、外公外婆六个大人。从小开始，六个大人都是围着这一个小孩转，孩子需要什么，大家就决定买什么；孩子要吃什么饭店，大家一起去吃，无论是否喜欢。等这个孩子长大了，六个大人一起出钱供他读书、买房、买车等。

9. “一半一半”制

夫妻双方约定：每人全年所有工资奖金的一半先分给对方，然后再实行“AA”制。例如：丈夫年收入100万元，妻子年收入10万元。丈夫先拿出50万分给妻子，妻子也先拿出5万元分给丈夫。这样一来，丈夫的总收入变成了55万元，妻子的总收入也变成了55万元，然后再各自“AA”制。这种做法，在中外混合家庭中流行。

10. “三七”制

我的一对学生夫妻的理财方法，给大家推荐一下，值得借鉴。他们制定了“三七”原则。每人每月各自拿出自己收入的70%用于养家，包括生活开支和共同储蓄，建立一个公共账号，每月定期转入资金。另外30%的收入各自支配，用于孝敬自己的父母和零星开支。这样安排既满足了家庭生活的需要，也实现了各自的财务自由。

以上 10 种家庭内部控制模式，哪一种是好的制度呢？这就是一个内部控制制度的审计评价问题。我们的理解是：答案没有标准，答案没有唯一。适合自己的就是最好的。坚持实事求是，具体问题具体分析。每个家庭的内部控制模式，都是与每个人的不同性格特点相联系，与不同家庭的互补性相联系。例如，如果夫妻二人都很强势都要管理，那么“制衡制”比较合适；如果一人特别喜欢管理，特别喜欢操心，而另一个不喜欢操心管理，那么“独裁制”就比较合适；如果两个人都不喜欢操心管理，那只能是“无政府状态制”。开展评价工作，不是为评价而评价，关键是通过评价，实现家庭管理目标。

内部控制评价是指企业董事会或类似权力机构对内部控制制度的科学性、全面性及有效性进行全面评价，形成评价结论，出具评价报告的过程。内部控制评价的主体是董事会或类似的权力机构。董事会可指定审计委员会来承担对内部控制制度评价的组织、领导、监督职责，并通过授权内部审计部门或独立的内部控制评价机构执行内部控制制度评价的具体工作，董事会也可以聘请会计师事务所对其内部控制制度的有效性进行审计，即外部审计机构开展内部控制制度评价工作。内部控制制度评价的目的，是通过审计评价，实现以评促改、以评促管、以评促建，进而实现企业管理目标与战略目标的实现。

家庭内部控制制度的评价工作，类似于企业内部审计部门开展的审计评价，积极开展批评与自我批评，及时发现风险与问题，及时纠正与调整。主要目的还在于增收节支，开源节流，加强管理，提高全家人的生活质量。

二、开车中的内部控制

开车的朋友都非常熟悉开车的技术了，但是，您知道开车的内部控制吗？您知道开车内控的基本要素吗？目标、速度、风险与措施，是开车内控中的四大基本要素。

第一是目标，也就是开车要去的目的地在哪里？是单位、家里、约会地点还是旅游目的地？没有目标的开车是毫无意义的。第二是速度，限速与超速。交通法规对于汽车的行驶速度都有明确规定，司机开车总是在一定的限速范围内行驶，超速要接受处罚。遇到行人或者交通拥堵，司机还要减速行驶。“度”的把握非常重要。第三个是风险，开车的人，总是在不停地识别风险，防范风险。雨雪天气，道路湿滑，这是外部风险。酒后驾车，疲劳驾驶，这是内部风险。无论内部风险还是外部风险，司机都要及时识别，及时采取措施防范各种风险，把风险消灭在萌芽状态。第四是措施。方向盘、油门、刹车、离合、安全带等都是控制措施，而且这些控制措施都不是可以单一完成的，需要相互配合才能完成汽车的安全驾驶。单一的控制措施是无法完成任务的。所以说，内部控制既要讲究“度”，也要讲究“搭配”。因此，既要强调内部控制制度，也要强调内部控制体系。最重要的是，在上车后开车前的第一个动作就是系好安全带，自我控制是第一步。所以，内部控制的最基本也是最高境界，就是自我控制。自律、自控是根本，他律、监督是辅助。因此，如何让一个人有强烈的自控意识与完备的自控方法体系，这是防范风险实现目标的根本问题。

三、微信群的内部控制

时下，微信群十分流行，几乎是每个中国人每天的必备交流工具和工作工具了。微信群种类繁多，有同学群、家长群、学术群、同事群、摄影群、跳舞群，临时群等。各自的功能不一，发挥的作用也不一样。在诸多的微信群中，家长群可谓是一股清流，在这个群里，人人平等，每个人没有职位高低，没有贫富贵贱，只有共同的目标与心声——把孩子的学习成绩搞好，考入理想的学校。这是一个团结紧张严肃活泼的扁平化管理组织，这个组织，无领导、无制度、无监督。他们是利益共同体，也是同盟军，更是生死与共的战友。他们聚在一起探讨孩子的学习和成长，比完成自己的工作任务都上心。在这个特殊的群体中，有一种强大无比的凝聚力量，不用他人提醒，无需制度约束，更不需要监督检查，那种扑面而来的热情和动力，是其他群体可望而不可即的。大家心往一处想，劲往一处使，没有任何杂念，没有丝毫松懈。家长群不仅是学习上的伴侣，还是一个包含了升学攻略、家政服务、医疗咨询、烹饪养生、砍价团购、发家致富等高密度多渠道的综合性福利平台。家长群，开拓了你的视野，提升了你的眼界，拔高了你的格局，磨平了你的棱角……曾经学校和老师没教会你的，家长群里一一把你灌输得明明白白。为什么呢？信仰的力量，共同的利益。

看来，一个组织的内部控制制度，不在于层级的多少，授权的大小，监督的宽严。关键在于：信仰必须坚定，利益必须共存。

四、家庭保姆内部控制

2017 年 6 月 22 日凌晨五点钟，杭州著名的高档小区蓝色钱江公寓发生大火，消防员赶到时，大火已然肆虐，他们救出了四个人，但都已经一命归西。不幸遇难的是一位妈妈和三个孩子。唯一的幸存者，是一位 34 岁的保姆。她从厨房内的电梯逃生。

笔者根据新闻媒体报道，整理分析如下：

分析之一：保姆因赌博而躲债。凤凰网调查结果是，这位保姆叫莫焕晶，广东东莞人，一个富饶之地的人，跑到杭州做保姆，就是因为喜爱赌博，到杭州躲债，身上还背着民间借贷的纠纷。

分析之二：雇主借钱给保姆。女主人曾借给她 10 万元买房。保姆撒谎称，老家买房需要资金，向女主人借钱，善良的女主人信以为真，并且把钱借给了保姆。

分析之三：雇主不了解保姆的履历。杭州惨案里，直到案发，男主人都不知道保姆的来历。我也在反思，今天很多家庭在聘请保姆时，有多少人会想到调查了解保姆的履历情况？充其量也是只查看一下身份证与健康证。

分析之四：保姆内部控制制度。香港外佣中心，对于聘请保姆的雇主，都要交代几件事：1. 不要在菲佣面前吵架。2. 大小诸事让一个人去交代。3. 不要借钱给她。4. 不要让她和家人在同一桌上吃饭。仔细推敲，这四条原则，是非常完善的保姆内部控制制度！

分析之五：盗窃财物，舞弊发生。杭州惨案里，女主人对保姆信任至极，单独给一辆宝马车让她接孩子和买菜。保姆经常偷家里的东西，保姆向警方承认，自已偷过女主人的名表和小孩的手镯，甚至把女主人几十万的手表拿去典当。

分析之六：销毁证据，酿成惨祸。保姆本来是想用火烧来掩盖其多次盗窃东家财物的事实，想破坏现场，但是最后却酿成四死的惨剧。

该案例的逻辑关系：

赌博——欠债——压力——盗窃舞弊——内控失效——焚烧销毁证据——触犯法律

雇佣保姆是全社会的现实问题，家家离不开保姆。三百六十行，行行都重要。保姆也是一个职业，而且非常重要，我们不仅不能歧视，更要尊重。但大家在抱怨保姆工资太贵的同时，也对保姆产生了不信任感。如何解决这一矛盾，确实是一个重要的社会问题。我们从内部控制制度的角度来分析，也许有助于问题的解决。

一是不要在保姆面前吵架。无论是夫妻吵架，还是与子女吵架，都不要在保姆面前吵架。因为吵架是矛盾的体现，是家庭内部控制缺陷的流露，“家丑”怎么可以外露呢？所以，如果要吵架，家庭成员自己关起门来，不要让外人知道。

二是大小诸事让一个人去交代。家中只能由一人与保姆对接，交代事情与要求。即家庭的“外交发言人”必须固定一个人，一个声音对外发布信息。严禁出现两种声音或者两种意见，导致保姆不知所措，甚至利用不同意见钻其中的漏洞。

三是不要借钱给保姆。莎士比亚在《哈姆雷特》中写道：“不要向别人借钱，向别人借钱将使你丢弃节俭的习惯。更不要借钱给别人，你不仅可能失去本金，也可能失去朋友”。俗话说：“救急不救穷”，不要轻易将钱借给别人，除非你不准备他归还这笔钱。将钱借给别人，一旦对方没有偿还能力，其结果只能是既失去金钱又失去朋友。

四是不要让保姆和家人在同一桌上吃饭。因为中国人的饭桌是很有学问的，一家人在一桌上吃饭，不仅是亲情的交流，更是研究讨论家庭各种事情的交流会，往往会讨论家庭内部控制的缺陷或者一些机密事项，怎么可能让外人知道呢？

另外，聘请保姆时，不仅要看其资质与级别，更主要是了解保姆的履历情况，之前在哪里做事情，口碑如何，家庭经济状况，个人习惯爱好等方方面面，全面了解，选择适合自己家庭需求的保姆。

五、家庭早餐内部控制

老公晚上回家带回来的牛奶面包当第二天的早餐，老婆买了鸡肉卷当早餐，姥姥早上蒸了玉米红薯当早餐，结果，早餐极其丰富，远超所需。

由于没有规定到底谁来准备第二天的早餐（岗位未设置），即使每个人都很积极为目标而努力（早餐吃得好），也会带来巨大的浪费（每个人都在准备早餐）。

1. 岗位分工——明确职责

岗位是给工作的人，制定工作职责，比如，姥爷负责采购（采购岗），阿姨负责做饭和收拾洗碗（做饭岗、洗碗岗、搞卫生岗）。

2. 流程初步设计——程序畅通

每天，阿姨设计菜单告诉负责采购的姥爷去买菜，姥爷采购完，阿姨做饭，大家吃饭，吃完收拾洗碗。这就是简单的流程，规定了谁做什么，执行的步骤，以及流程的意义。

这样，规避了每个人都按照自己的意愿来做事，而忽略了整体的利益。

3. 信息沟通——协调协商

每天姥爷负责采购，但是并不是很清晰该采购多少，因为是阿姨负责制作及收拾，多余的会被扔掉。所以需要及时的沟通，将每日的饭量反馈到姥爷，姥爷根据情况再进行评估购买量。

如果所需的食材没有，就会打乱阿姨计划所做的饭菜。可以发现食材没有就与阿姨进行沟通，再调整菜谱。如果缺少沟通就自行采购，可能就会遇到阿姨不会做及菜品不搭等情况。

4. 流程优化——需求导向

如果以阿姨会做的菜品来制定菜单，或者以姥爷按菜市场提供的菜品来制定，都不能满足最终客户（吃饭的人）的需求。要及时沟通最终吃饭的人的需求，再制定或修改菜单，这就是常说的客户导向的流程设置。

家庭早餐进行内部控制的目标是：不仅是要吃饱与吃好，更要吃出营养，吃出合理搭配，吃出温馨的家庭氛围。

第四节　不忘初心牢记使命

一、构建制度体系

习近平总书记在2020年1月8日“不忘初心、牢记使命”主题教育总结大会上的讲话指出：“不忘初心、牢记使命，必须完善和发展党内制度，形成长效机制。制度优势是一个政党、一个国家的最大优势。”邓小平同志说过：“制度好可以使坏人无法任意横行，制度不好可以使好人无法充分做好事，甚至会走向反面。”我们党是吃过制度不健全的亏的。党的十八大以来，党中央坚持制度治党、依规治党，努力构建系统完备、科学规范、运行有效的制度体系，把全面从严治党提升到一个新的水平。

党的十九届四中全会提出建立不忘初心、牢记使命的制度。建章立制，要坚持系统思维、辩证思维、底线思维，体现指导性、针对性、操作性。既坚持解决问题又坚持简便易行，采取务实管用的措施切中问题要害；既坚持目标导向又坚持立足实际，力求把落实党中央要求、满足实践需要、符合基层期盼统一起来；既坚持创新发展又坚持有机衔接，同党内法规制度融会贯通。该坚持的坚持、该完善的完善、该建立的建立、该落实的落实。建立制度，不能大而全也不能小而碎，既不能“牛栏关猫”大而不当，也不能过于烦琐。

二、坚决维护制度

习近平总书记指出：制度是用来遵守和执行的。全党必须强化制度意识，自觉尊崇制度，严格执行制度，坚决维护制度，健全权威高效的制度执行机制，加强对制度执行的监督，推动不忘初心、牢记使命的制度落实落地，坚决杜绝做选择、搞变通、打折扣的现象，防止硬约束变成“橡皮筋”“长效”变成“无效”。

习近平总书记特别强调指出：不忘初心、牢记使命，必须坚持领导机关和领导干部带头。领导机关是国家治理体系中的重要机关，领导干部是党和国家事业发展的“关键少数”，对全党全社会都具有风向标作用。“君子之德风，小人之德草，草上之风必偃。”在上面要求人、在后面推动人，都不如在前面带动人管用。不忘初心、牢记使命，领导机关和领导干部必须做表率、打头阵。

三、掌握思想教育

习近平总书记指出：不忘初心、牢记使命，必须用马克思主义中国化最新成果统一思想、统一意志、统一行动。马克思主义政党的先进性，首先体现为思想理论上的先进性。注重思想建党、理论强党，是我们党的鲜明特色和光荣传统。毛泽东同志曾说过：“掌握思想教育，是团结全党进行伟大政治斗争的中心环节。”共产党人的初心，不仅来自于对人民的朴素感情、对真理的执着追求，更建立在马克思主义的科学理论之上。只有坚持思想建党、理论强党，不忘初心才能更加自觉，担当使命才能更加坚定。

学习的最大敌人是自我满足，要学有所成，就必须永不自满。现在，有的党员、干部对理论学习不重视，把自学变不学；有的想起来就学一学，三天打鱼、两天晒网；有的拿学习来装门面，浅尝辄止、不求甚解；有的学习碎片化、随意化，感兴趣的就学、不感兴趣的就不学；不少年轻干部理论功底还不扎实、理想信念还不够坚定。要做到真学真懂真信真用，还需要下更大气力。

习近平总书记强调，中国共产党人依靠学习走到今天，也必然要依靠学习走向未来。全党同志要跟上时代步伐，不能身子进了新时代，思想还停留在过去，看问题、作决策、推工作还是老观念、老套路、老办法。这样的话，不仅会跟不上时代、做不好工作，而且会贻误时机、耽误工作。这个问题必须引起全党同志特别是各级领导干部高度重视。与时俱进不要当口号喊，要真正落实到思想和行动上，不能做“不知有汉，无论魏晋”的桃花源中人！

理论创新每前进一步，理论武装就要跟进一步。党的历次集中教育活动，都以思想教育打头，着力解决学习不深入、思想不统一、行动跟不上的问题，既绵绵用力又集中发力，推动全党思想上统一、政治上团结、行动上一致。要把学习贯彻党的创新理论作为思想武装的重中之重，同学习马克思主义基本原理贯通起来，同学习党史、新中国史、改革开放史、社会主义发展史结合起来，同新时代我们进行伟大斗争、建设伟大工程、推进伟大事业、实现伟大梦想的丰富实践联系起来，在学懂弄通做实上下苦功夫，在解放思想中统一思想，在深化认识中提高认识，切实增强贯彻落实的思想自觉和行动自觉。

四、钟南山院士的启示

钟南山，呼吸病学专家，1936 年 10 月出生于南京，福建厦门人。钟南山出身于医学世家，父母都是著名医生，父亲钟世藩是中国著名的儿科专家，母亲廖月琴则是广东省肿瘤医院的创始人之一。受家庭氛围影响，钟南山从小就有“学医救人”的大志。

2003 年，非典肆虐。67 岁的钟南山说：把最重的病人送到我这来。2003 年 4 月，卫生部在北京召开新闻发布会，有官员在会上宣称“疫情已得到有效控制”。尽管钟南山会前已经被告知“不要讲太多”，但他还是忍不住开口反对："什么叫现在已经控制？根本就没有控制！目前病原都还没搞清楚，你怎么控制它？"钟南山不傻，他知道这样说话意味着什么。他事后透露，发布会前，他在父亲的坟前站了很久，最后下定决心说真话。因为他坚信"真话和真药一样重要"。"当时全国疫情都在蔓延，我们所的医生都倒了20个了，实在不能扯淡。""非典是疫情，社会上的谣言和恐慌则是另一场疫情。现在回头看，后者的破坏力更大。"他好像有些叛逆，但这正是一个科学家应有的良知和勇气。灾难之下，最见人性。有人趁着混乱大赚横财。有人为了保官欺上瞒下。有人惊慌失措。有人避之不及。但是。也有钟南山这样的人，于危难中挺身而出，奋勇向前，左手对抗灾难，右手托出真相。这样的人，就是国家栋梁，民族脊梁！

2020年，在武汉疫情来临时，已经84岁高龄的钟南山院士不惧疫情，奔赴第一线武汉，为的是能够第一时间了解肺炎发展情况，为早日攻克新型冠状病毒肺炎而做出努力。84岁的他，一边告诉公众"尽量不要去武汉"，一边自己登上去武汉的高铁，挂帅出征。钟南山，一个仿佛永远不会怂的逆行者。2020年，一张照片刷屏。这是钟南山在工作一天后，紧急登上去武汉的高铁。没有座位，他挤在餐厅一角，疲惫地睡着了。随后，他频繁出现在媒体，告诉人们发生了什么，该怎么办。而他说的每句话，人们都信。在民众眼旦，他就代表正直，代表科学，代表权威。一个中国工程院院士，一个医学专家，神奇地拥有了100%的可信度。

钟南山院士每天除了坚持跑步，阔胸器和哑铃也是他经常锻炼的器械。为了加强肌肉训练，钟南山院士在卧室的墙壁上安了一个单杠，平时做做引体向上。钟南山院士说："我现在的状态感觉像是中年，还没有到功能减退的时候，还需要体质锻炼。""锻炼不仅需要自我约束，更需要自觉。"时至今日，钟南山依旧保持着锻炼习惯。他告诉新快报记者，在日常看病、门诊、查房、会诊、带研究生、科研等繁忙的工作之余，每周三四天的下班后，他都会抽时间在家进行40—50分钟的锻炼，主要是在跑步机上先快走后跑约25分钟，锻炼下肢、内脏；然后做做杠上撑起（一口气20个）、引体向上（一口气10个）以及仰卧起坐，锻炼上肢力量。有时候一两周全家还会出去游泳一次。在平时工作出差时，钟南山也会带上拉力器，在房间做做拉力运动，徒手做俯卧撑、仰卧起坐等。他表示，人体健康有五大决定因素：父母遗传占15%，社会环境占10%，自然环境占7%，医疗条件占8%，生活方式占60%。而健康的六大基石是：心理平衡、合理膳食、适当运动、戒烟限酒、早防早治、绿色环境。钟南山说，“心理平衡是最关键的，健康的一半是心理健康，疾病的一半是心理疾病。有人就说过，一切不利的影响因素中，最能使人短命夭亡的莫过于不良的情绪和恶劣的心境。”“如忧虑、烦躁、恐慌、贪求、妒忌和憎恨等情绪会造成紧张，通过一系列人体反应后分泌肾上腺素和皮质醇，造成心跳加快、呼吸加快、瞳孔缩小，对身体危害很大，长期这样刺激会造成血压、血糖升高以及心脏病等很多疾病。”他强调，要把身体锻炼看作与吃饭、睡眠、工作一样，成为生活中不可或缺的重要组成部分。

在对事业的追求上，钟南山院士认为，有一个明确的目标，同时为之不懈努力，执着精神有利于健康，但是执着不等于不切实际的追求和妄想。每一个人都应该有自己的追求目标，一切为实现这个目标而服务、努力，那么周围一些不愉快的事情也就不以为然了。当然，追求也不能太苛刻，人要知足，当事情无法改变时，我们可以通过改变态度来改变处境。对待工作的态度，钟南山院士崇尚孔子的理论：知之者不如乐之者，乐之者不如好之者。在追求理想和实现自己目标的过程中，想要有一个良好的身体，首先要明白的一点是，最好的医生就是我们自己。

《人民日报》微博这样评价他：84 岁的钟南山，有院士的专业，有战士的勇猛，更有国士的担当。一路奔波不知疲倦，满腔责任为国为民，的的确确令人肃然起敬！一颗救世之心，一腔赤子热诚。一身高超医术，一片赤胆忠心。老百姓不会太多溢美之词，一句“看到你，我心里就踏实”，就是最大的赞美和信任。所谓医者，妙手仁心。妙手与仁心，钟南山二者兼具，所以，举国敬仰。

钟南山院士带给我们的启示：一是初心不改，“学医救人”。二是信息沟通，实话实说。三是不断追求，永无止境。四是知足常乐，心态平衡。五是坚持锻炼，自律自强。

2020 年 8 月，为了隆重表彰在抗击新冠肺炎疫情斗争中作出杰出贡献的功勋模范人物，弘扬他们忠诚、担当、奉献的崇高品质，根据第十三届全国人民代表大会常务委员会第二十一次会议的决定，习近平签署主席令，授予钟南山“共和国勋章”。

参考文献

1. 习近平. 习近平谈治国理政（第一卷、第二卷）［M］. 北京：外文出版社，2018.

2. 企业内部控制编审委员会. 企业内部控制基本规范及配套指引［M］. 上海：立信会计出版社，2018.

3. 方周文，张庆龙，聂兴凯. 行政事业单位内部控制规范实施指南［M］. 上海：立信会计出版社，2013.

4. 王宝庆. 审计新论［M］. 北京：经济科学出版社，2018.

5. 董临萍，龙丽群. 人力资源管理［M］. 上海：华东理工大学出版社，2014.

6. 黄铁鹰. 海底捞你学不会［M］. 北京：中信出版社，2013.

7. 朱瑞博. 危机管理案例［M］. 北京：人民出版社，2010.

8. 方振邦，葛蕾蕾. 政府绩效管理［M］. 北京：中国人民大学出版社，2012.

9. 王小龙. 浙江内部审计转型创新实务经验与案例汇编［M］. 北京：中国时代经济出版社，2011.

10. 陈焕昌. 浙江内部审计先进经验与典型案例汇编［M］. 北京：中国时代经济出版社，2015.

11. 中央纪委监察部网络中心. 中国家规［M］. 北京：中国方正出版社，2017.

12. 王宝庆. 生活中的财商［M］. 北京：中国财政经济出版社，2019.

13. 李金华. 中国审计史（第二卷）［M］. 北京：中国时代经济出版社，2004.

后 记

内部控制，这个神奇的概念，一直萦绕在我的脑海里，挥之不去，拂之又来。30 多年的教学与研究工作，使我与审计结下了不解之缘，畅游在知识与智慧的海洋里，我与审计同仁一起分享着理论研究与实践创新的喜怒哀乐。在浙江这片热土上，承蒙审计同仁的厚爱，长期担任浙江省审计学会理事与浙江省内部审计协会常务理事，是浙江火热的审计实践滋润与抚育我成长成熟。作为民建会员，非常荣幸曾经受邀担任浙江省纪委、浙江省人民政府政风行风监督员十余年，明察暗访各级各类行政机关事业单位，深感内部控制在作风建设中发挥的重要作用。作为上市公司独立董事，先后在国有企业、民营企业、外资企业以及文化宣传企业兼职十余年，深感内部控制在公司治理中发挥的重要作用。2010 年以来，非常荣幸受邀担任北京国家会计学院兼职教授，在全国各级各类高端人才培训中，深感高管们对于内部控制的智慧与困惑。内部控制，如同空气一样，无所不在，无时不有。内部控制渗透于每个人、每个家庭、每个企业、每个组织。多年以来，自己一直从不同角度，关注着内部控制，思考着内部控制。从学者的角度研究内部控制，从审计人的角度评价内部控制，从监督者的角度强化内部控制，从高管层的角度运用内部控制。多角度地认知内部控制，使我思绪万千，感慨万千。记录下自己的所见所闻，所思所想。“寄蜉蝣于天地，渺沧海之一粟”。但愿自己的浅薄认知，能为内部控制的理论研究与实践运用贡献微薄之力。

浙江工商大学　王宝庆

2020 年初秋于西子湖畔